Before the SUN Came Out

Before the SUN Came Out

"What many are driven to do while seeking the opportunity to come live in the United States"

As told to
Frank Moreno

First Edition | 2014
Phoenix, Arizona

FIRST EDITION

beforethesuncameout.com frank@beforethesuncameout.com

Moreno, Frank

Before the Sun Came Out / Frank Moreno — 1st ed. pp. 50

Copyright © 2014 by Frank Moreno All rights reserved.

No part of this book may be used or reproduced in any manner whatsoever without the written permission of the author, except in the case of brief quotations embodied in critical articles or reviews.

Printed in the United States of America.

Dedication

This story is dedicated to my daughter Anna and my son Frank. With every passing day, they continue to be an inspiration in my life. To Edna, my soul mate and my rock. A very special thank you to Mario! You opened up your life to me so that I may bring this story to the forefront and for that I am eternally grateful.

Introduction

Up until the late 1990's I had been a custom home and small commercial concrete contractor. By 1999, I decided to throw my hat into the ring and join the big boys of industrial and large commercial concrete contracting. I placed a bid, and was awarded the contract for the new Ironwood Ridge High School, located in Oro Valley, six miles north of Tucson. That meant I had to almost triple the size of my workforce from 24 to almost 70. This is where my story begins: The word quickly got out that I was hiring to get started on this newly awarded contract. The local Hispanic workforce has a way of networking so that it wasn't necessary for me to advertise; the job candidates would simply show up in groups to apply. This is where I met Mario (not his real name to protect his identity). I will never forget the boyish look on his face when I asked him for his ID. He did not look a day over 15 years old. He was in fact 31 and had a driver's license and passport to prove it. Mario was a quick learner and soon became a vital part of my organization. He was a dependable, honest, and above all a hard worker. In fact, I was so moved by his dedication that within a short time, I had quite a few of his family members working for me. I also gave him his own personal truck so he could haul his finishing tools and my material to the jobs. We finished the job at the high school on time and on budget. I continued to acquire large projects and this went on well into the new millennium. By this time Mario was well established in the United States. His wife and daughters were living here too. He had purchased a home, and both of his daughters were enrolled in neighborhood schools. His parents and the rest of his extended family all lived in Nogales, Mexico just across the border. Almost on a weekly basis, he would take his wife and two daughters back to Nogales to visit with the rest of his family. He was always back on Sunday night so he would be ready for work on Monday. He never experienced any trouble with immigration, or any law enforcement for that matter when it came to crossing the border. In fact, when it came right down to it, Mario lived an exemplary life. He was a model resident. Do you notice how I did not use the word citizen? He had no vices that I was aware of. He attended mass every morning before going to work. He did not drink, smoke or use drugs. He even paid his taxes through a government issued tax ID number known as an ITIN. But in 2008, a simple traffic stop and Mario's life would never be the same again. In October 2008, Mario and his brother were on their way to work when they were stopped by the Arizona Department of Public Safety, also known as the highway patrol, on a routine traffic check. The following is the true story of Mario's journey as he conveyed it to me.

Foreword

All too often you hear or read about the plight of the illegal immigrant. You hear about them being found in stash houses, arrested for being here illegally or even found dead in the scorching hot Arizona desert. These people did not get from point A to point B without incident. At some point they had encounters with the Mexican Mafia, human smugglers and the Border Patrol themselves. That is what this story is about. One individual's experiences with all of these factions and how he coped with all of his disparities to come live the American Dream.

Before the SUN Came Out 11

Deportation

Greetings my friends. First of all, I ask God to illuminate me with his Holy Spirit, so that everything that I am about to share in this story comes from my heart... because this is a true story. My name is Mario. I am about to share some of the experiences that I have lived through, and what many of us are sometimes driven to do as we seek the opportunity to come live in the United States. It is a true story, and I hope that no one goes through the difficult times that I have gone through.

The story begins on the 23rd day of October 2008, around 5:30 in the morning as my brother, a friend and I were getting ready to go work. We had a job on the North side of Tucson, Arizona so we headed up the Interstate-10 from Prince Road. We were driving in the vicinity of Ina Road and Cortaro, when we noticed that a patrol car flashed its lights behind us to pull us over. The officer informed us that the reason he pulled us over was because one of our license plate lights was not working well, and he could not see the numbers. He asked for identification and we handed over both my Mexican driver's license and my brother's. Our friend handed over a Mexican identification card. The officer asked for documentation for our work truck. We found the registration but we couldn't find any proof of insurance. For this reason we were asked to remain there as we continued to search for the insurance paperwork, which we weren't able to find. The officer wrote a ticket and held us there for some time.

Next, he proceeded to call the U.S. Immigration office because the identification cards we provided were from Mexico. He held us there until the immigration agents arrived at the scene. Once they arrived, we were then taken to the immigration detention facilities. Upon arrival there, we underwent an investigation as to why we were headed to work to the North side of Tucson. We were held there all day Thursday. The following day, we had our first hearing. The defense lawyers appointed to us informed us of the charges that had been brought up against us. I was told we were being accused of illegally crossing into the country, and for this we were going to be deported. I did tell them that I did not enter the country illegally. I had crossed the previous Sunday with my passport. The lawyers then told me that if we had our passports [my brother and I], that we had no reason to be there. They added that if we had our passports, we were going to be released on that same day, because we had crossed the border legally. We had not committed a crime. The lawyers then spoke with the prosecutor, and it appeared as if they had reached an agreement. The lawyers told us, that because we had our passports, we were going to be released on that very same Friday.

We requested our passports through our families. We then requested advice from our lawyers, to find out what we had to say or clarify to the judge in order to be released. By that time, they appeared to have changed their minds. They were no longer assuring us that we were leaving that same day because the prosecutor had brought up other charges. We were no longer being released Friday. The lawyers told us that we were going to have to wait until our hearing the following Monday to find out what would become of us. My brother and I were sent to jail in the town of Florence, where we spent the weekend. We did not know what happened to our friend.

In the early morning hours on Monday, we were transferred back to Tucson to appear in court. I remember arriving there at 7:00 in the morning. The court hearing began, and our lawyers did not know what would happen to us. They told us that the case was in the hands of Immigration, as was our fate. The decision on whether or not to present our passports to the judge -in order for him or the prosecutor to make a decision- would be ours. I didn't know how this process was handled. Anyhow, our lawyers were no longer advising us. We were supposed to present our passports so we would be released. We were not refusing to present our passports. However, we were being accused of crossing illegally, and that was not true. We had crossed through the U.S. border point of entry. They were forcing us to admit that we had crossed from a different point. Eventually, they conducted some form of verification, and were made aware that we crossed legally. Nevertheless, we were already in the process of being deported. On that very same Monday afternoon, we turned our passports in. This first nightmare - that of my brother and I being in jail- came to an end. Around 7:30 or 8:00 that night, we headed to Nogales, Sonora in Mexico to be with our family. Thank God our parents live there, so we stayed there for some time. My brother decided to remain in Nogales because his family was residing there at the time, but I had made the decision to return. I did not know how, but I would find a way to get back to my family in Tucson, Arizona.

So I began to look for someone who could take me cross through the range, only this time, illegally. I did find such a person with whom I made a deal with. He was to take me past the Border Patrol checkpoint, and someone would pick me from there and transport me to Tucson. He would charge me 400 dollars to take me. We made the deal on Saturday November 4th. By then, my friend who had been detained along with us and had been in jail for longer period of time, decided to join me in returning to the U.S. It would now cost 800 dollars to take both of us to Arivaca, Arizona where there is a border patrol checkpoint between Nogales and Tucson.

On that day, we first traveled by car towards a small Nogales village called Mascareñas, and then we walked for about an hour to get close to the border. The group consisted of one guide, his helper, my friend and I. We would attempt to cross the border on Saturday the 8th. We remained on the hill and surveyed the area as we waited to cross. Once it had gotten dark, the man guiding us realized there were two people guarding the border on the Mexican side. He then told us that we could not cross, because the 'mafia' was looking after drugs that they were going to cross to the U.S., and they did not allow anyone to attempt crossing when they were doing that kind of work. All we could do is walk back to the village   so we could try another day.

During the course of our walk, we noticed that the   man

in charge of looking after the drugs was heading towards us from behind. We became frightened because we did not know how many of them from his group were with him. He eventually caught up with us. We realized it was only him, so we greeted him. He talked about having been up there all day, but that he was very hungry, that no one had brought him any food and he was heading down to the town. When we got to some point, he went in through some trees where a friend of his was waiting for him. They call these "guarding points". They are places from where they check to see if soldiers from the Mexican side will arrive so they can give warning to hide the merchandise they are wanting to cross. This is how the mafia works, and this is why they also don't let us –the undocumented- attempt to cross.

We headed down to the village, towards some abandoned houses located on the outskirts of the town. We rested there as we waited for our family from Nogales to come pick us up. At that moment, about seven or eight individuals arrived to where we were. They are known to roam the border area and 'take people down'. They are called 'bajadores'. They are bad people who assail the undocumented that are attempting to cross. They strip them of their belongings, and take away everything. In many cases, those from the Mafia force them to take drugs across themselves. In turn, these people are converted into assailants of other undocumented people along the border. The group that surrounded us had every intention to hurt us. Thank God they did not, and this is because our guide knew some people within the mafia of Nogales, and we were also from Nogales. They didn't hurt us, but they wanted to take our belongings, and they threatened us as they attempted to grab our backpacks with the food supplies, but we didn't let them. It was at this moment when all this was happening that our family arrived. We ran and jumped in the car that would take us back to Nogales. And this is how our first attempt to cross turned out a failure because of the mafia.

We agreed to try our second attempt on Tuesday. So once again we turned to preparing ourselves, and went to the same place that we had gone to on the first attempt. This time, we were able to go through that area. We walked all night, and made it across the border without any problems. There wasn't much mafia surveillance at the time. We walked through the mountain, and by sunrise we had arrived to a spot where we slept under a tree. I remember it being close to the Nogales, Arizona airport because the planes would fly over us as they arrived to it. We slept and we rested that entire day since we had walked all night. As we started walking again that evening, I noticed that we were heading too far towards the North side. Later on, I realized we were walking back as if returning to Nogales. I could see the Nogales, Arizona and Nogales, Sonora lights. At that point, I knew for certain that we were surely heading back. We had already crossed the highway that runs to Patagonia. We came to the conclusion that the guide had changed plans in his mind, and just had not told us what he was planning on doing with us. By dawn on that second night, the guide told us he would leave us on the highway by Kilometer 12, and that we should call someone to come pick us up. He was not going to go through with his word and take us all the way past Arivaca. I do not know the reason why, but he left us by a creek under a highway bridge. And so it was; he and his friend left us behind in the range. Luckily, we were close to the highway, out of danger, and we had a phone to call our family.

Our family arrived at dawn and left a vehicle for us at a previously designated spot. We drove to Nogales, Arizona and checked into a hotel to rest. We were at the hotel for only an hour before family from a brother-in-law living in Nogales, Arizona at the time, found out we were there and offered us room and board. We left to go to their house, and remained there for two weeks, waiting for a way to make it to Tucson. I remember that during that time in Nogales, when it would rain, the Border Patrol checkpoint between Nogales and Tucson would be taken down, and anyone could easily pass through to Tucson in a vehicle. During all that time, I had kept my truck ready for when all this happened if it rained. . Thankfully, it hadn't been two weeks yet when on November 25th, the checkpoint was taken down due to rain. On that day we were able to pass through and arrive to Tucson once again, illegally.

Several years passed, and everything went back to normal. I was able to drive around Tucson. I paid some traffic tickets that I owed. There were times when I got pulled over by police, but nothing came of it. I would show my license and proof of insurance. Despite having been deported, I could move about freely in this country. This is the first time I crossed illegally to the U.S. It was my longest stay here.

Journey

And now, dear friends, I will tell you about a second and sad chapter in my life. It was Friday, June 7th, 2013, a normal day like any other. I left my house to go work on a cement job at a home. I was supposed to head to another job at another place when I got a call to go help deliver some construction materials We were unable to obtain the material, so I headed back home and spent some time working on an appliance tool I would be using at another job I was about to go work on. I left my home to this very next job between noon and 1 pm. I was driving out of my neighborhood, and I was about to cross Royal Palm Street, when I realized I didn't come to a full stop until right after the stop sign. This happened as I saw a sheriff's patrol car drive by. The deputy appeared to have witnessed this, and proceeded to maneuver to the side of the street so that he could pull me over once I drove past him. He did stop me, and stated the reason for doing so. I was in agreement. He asked to see some identification, my driver's license and documentation for the vehicle. I showed him proof of insurance and the vehicle's registration. What I did not have on me at the time however, was my driver's license. I remembered then, that I had been driving my wife's car and forgot my wallet on the car seat. I assume that it was because of the fact that I didn't' have any identification on me, that the deputy contacted Immigration. I was held there by the deputy until immigration agents arrived to take me. By then, I had notified all of my family. My family arrived at the scene to remove my work tools out of my truck before it got impounded. As for myself, I was taken to the immigration detention center. My wife advised me not to sign deportation documentation. She would assign a lawyer to see about helping me with legalization through my daughter who is a citizen. That same afternoon when I was asked to sign deportation forms, I refused. I let them know I wanted to see a judge, that I wished to plead my case, and that I was able to stay in the country due to my daughter's status. I asked the Mexican consulate for assistance so I could remain in the country until I saw a judge. The Mexican consulate however, informed me they could not do anything for me because this was an immigration case, and that I had no rights to fight for anything. Despite having refused to sign the deportation paperwork, that same afternoon I was being transported by bus to the border of Acuña City, a town in the State of Coahuila, México. The trip to be deported there took two days. We arrived in Acuña that Sunday.

    The bus trip to Acuña was a very sad situation. On this bus that was transporting other undocumented passengers, there was hardly any food provided. To make matters worse, on the last day of the trip, we spent more than twelve hours without any water. As we were arriving to Acuña, we were so thirsty that we had to start yelling for someone to give us water. There was also a point in time where the bus driver turned the heater on. The bus became very hot in one section. He refused to mind the young men who were burning up from the hot air that was coming out of the vents. It was a sad situation.

The laws in this country are very strict. I believe that all of this is done to discourage us from attempting to cross the border, or from doing wrongful things in this country. We must respect the law and accept the consequences for any wrongdoing.

We arrived to Acuña Sunday afternoon after a very long trip. I remained in this city for a few hours. Thankfully, I had been paid from that first job, and with this money I was able to pay for a bus back to Nogales. It would take another three more days of travel to Nogales. I had not been there in the last five years. Truthfully, although I did not wish for things to turn out this way, by the same token, I yearned to see my family who I had not seen for so long. In that sense, it brought me great joy to be able to see them again; beginning with my brother who had worked by my side for a very long time. I thanked God for allowing me to visit and share this time with all of them.

And once more I was back to waiting for an opportunity to return to the U.S. My wife and my daughters were going through the immigration process which allowed them to remain in the country. For me, it was very hard to know that my wife was alone, and working all by herself, trying to make ends meet. Her earnings weren't enough to cover expenses. With the job she had, there was very little for the week. I had to find a way to return in the same manner as I had the last time. I knew it would be even more difficult, but I had to try.

And I did try. I remained in Nogales for some time, and I and I searched for people that could take me across. It was very difficult during that time. The entire border was occupied by the mafia, and they did not let undocumented people or 'pollos' - as they are called- cross, because they interfere with their work. It would be very hard this time to get someone.

There were many people who would charge three thousand dollars to guide me from Nogales to Tucson. I found the price to be very high, and refused to accept these offers. I was looking for an easier and less costly way. Finally some time later, I met someone who offered to take me across. He and someone else would charge me one thousand dollars to do so. They knew the road and they told me that it was safe. They said I could trust them. I agreed to make a deal with them as they were also crossing to the U.S. to stay and work. They assured me that they had been doing this for a long time and that I should not worry.

This second attempt to cross was on Tuesday July 9, 2013. We left from Nogales in the morning towards the border. This time it was through another path. There were three of us, and we decided not to go all the way up, but instead head through another road called Las Mariposas. We had to walk for about six hours to get close to the border. I remember getting near the spot where we were going to cross. We ran into two people coming down the hill. They told us that there were 'pollos' up there held up because the mafia would not let them cross. They said that if we headed that way, we would also be held up. We decided not to , but instead go through lower ground from where we wouldn't be seen. The guides had told me there would be no problem with the mafia. Once more, I had been deceived. I had trusted them when they told me they knew some people up there. Nobody can go across without permission from the mafia. A person wishing to go across, must first pay to get a code that will be given in order to be allowed through by them. Whoever doesn't have a code when they ask for it, will get tied up, get beaten, or even be killed. This was yet another risk I was taking by going with these guides. Thankfully on that day, although we saw some mafia activity at the edge of the hill and by the border, they did not see us. We remained at the edge of the hill waiting for the sun to set so we could cross the border. By sunset, we crossed the border through the high end of mountains. We walked part of the night until we had to come to a stop and pick a spot to stay at. It had started to rain and it was going to be a strong storm.

    We had already begun to get wet. In our backpacks we carried plastic bags to protect us from the water. When we started taking everything out, it had already started to pour down and we were on somewhat of a steep mountain. We slid inside our plastic bags although most of our bodies were already wet. We spent the night there as the rain came down heavily. I remember us being inside the bags, and unable to move. We woke up completely soaked. The bags ripped because of the branches and the rocks. I remember that it had stopped raining by the time the sun came up. My entire body felt numb. I could hardly move because I had been in the same position all night. We began walking again. We felt so heavy walking in our wet clothes and our wet backpacks. We walked for most of the day, and we arrived at another spot to rest around three in the afternoon. The clouds started coming in as we were about to rest. Only this time, we had enough time to cover ourselves up well with the plastic bags. We had already dried off from walking under the sun this entire time. We had time to eat something too. We were well prepared by the time it started raining again and we didn't get too wet.

    Before it had started raining, we had been observing how the Border Patrol agents kept watch over the area as they rode their motorcycles. They would pass us by closely through the hill where we were at. We rested that second day of walking. We had walked one day on the Mexican side and another on the U.S. side. By sunset, we started our third walk. This is how we managed. We walked through the night and part of the day, and we rested well in between. I remember having felt strong back then. I wouldn't get tired, I rested enough, and I ate well. I drank a lot of water because there was plenty of it around the desert by the mountain. One of the guides was very familiar with the road that went through the mountain. The other one didn't know much about the mountain, but knew the way to Tucson through the railroad. We did this for four days without any setbacks. We could see the Border Patrol surveillance agents, but they couldn't see us. This is how we were able to reach the town of Rio Rico on Friday afternoon. We rested that entire day close to the highway without a problem. And by night, we started walking alongside the railroad tracks. We advanced close to 20 kilometers, and approached what I think was the town of Tubac, right before the Border Patrol checkpoint. I remember we came to a stop because we saw a Border Patrol vehicle crossing the tracks. I think they might have realized that we had started crossing the most heavily watched areas. And since we were walking at night, we could not see whether there were any cameras that had spotted us. Perhaps they might have started looking for us by the tracks. That night, we hid by the river. Again, I'm not certain whether this was Tubac, but this was where we spent the night.

The following day, we started to walk on the side of the mountain towards the east side, so we could distance ourselves from the area where we saw Border Patrol agents. We walked the entire day and arrived to a spot where we rested for a long period of time. That evening, we started back up on the road. It was already Saturday, July 13th. I remember us looking towards the checkpoint and feeling certain that we had already passed it. However, we didn't know that it was the checkpoint. Yet another lie from this guide who assured me he had vast experience in crossing. He knew nothing about this checkpoint. It had been years since he had last crossed. I had told them that I found it very strange that we had gone so far through the mountain, and had been so cautious at dodging surveillance, only to come walking so close to where the Border Patrol checkpoint was stationed. I had kept telling them that we were placing ourselves in the wolf's mouth by doing so. To me, it seemed like almost wanting to make a mockery out of their surveillance by passing so close by them. I realized then that the guide didn't really know how difficult it was to pass through there around that time. He had not crossed to this area in ten years. He fooled me by telling me that he knew everything there was to know, and that there would not be any problems. By then it was too late. My fate was in their hands. I was going to pay them to take me. Once more, we reached an agreement that afternoon. Once close to the highway, when I asked them to continue walking by day, one of them told me, "Keep walking on your own if you want", but I didn't listen. I knew that if I was caught, I would still have to pay them, because they couldn't be liable if I separated from them. They were responsible for bringing me, and that is why and how they would get paid.

We ended up not walking during the day. As it started to get late, they wanted to head out again and get close to the highway. By nightfall, I remember we barely had any food or water. Several days had passed and our supplies were running low. We also could not wander too far away towards the range because if we ran out of food, things would be more difficult. I remember telling them, "Let's get close to the highway, and from there, we will call to be picked up", and they agreed. We were getting close to the highway. It was very difficult to walk through these areas without being seen. They [the Border Patrol agents] could see us, but we could not see them. I remember arriving to the edge of the highway, and I told my partners not to go through there, and that we should cross further ahead. I stood in place at a certain spot as if in disagreement. They kept walking. We could not see very well in the darkness. I had no choice but to continue following them. As we got closer to the highway, we jumped some fences. As we were jumping the fences, I believe we also jumped over some sensors that detected us. This is how border surveillance learned that we were close.

In the darkness, we could only see vehicle headlights getting closer to the highway. We could see how a Border Patrol vehicle was slowly driving by and then back. Border Patrol agents were at the bottom waiting for us. We were looking towards the highway as we were hiding. Suddenly, I saw several officers springing up from behind my two partners and catching them up close! They were so close. I remember I somehow managed to keep running with my backpack still strapped on my back. The spot where I was running through, was full of chollas and spines. I remember running about one or two minutes. I knew I had lost the officer, but they had the entire area surrounded. They kept on searching with their lights as I hid under a tree. We were all apprehended.

From there on, the process began again. We were taken to Nogales, Arizona. We were transported to Tucson and then we were taken to court. This time, I was sentenced to 60 days at the Santa Cruz jail in Nogales, Arizona. This is where I began to pay for my crime, that of trying to cross illegally to the U.S. I know I made a mistake, and mistakes must always be paid for, and this time it meant a sixty day stay in jail. This was one of those times when God's plans are how He wishes them to be. They must be kept and carried out as such, and when one accepts this, everything becomes easier. Those sixty days at Santa Cruz were of much blessing to me.

This time spent at Santa Cruz, helped me reflect upon everything I was doing with my life, my family, my children, and the manner in which I was carrying on with my life. All the details from everything I was failing at in my life began running through my mind. This was a time of great reflection and acceptance of my mistake. I was to respect the law. Being able to live in the U.S. and to help my family is all I had wished for. This was hard, but I thank God and I thank my family and my friends for their support. I thank all the people who I have come to know here in Tucson, in Nogales, in my community of Santa Margarita, and the Church. They have all made this easier. They have helped me throughout all this time. I thank my boss who has always been there to provide support through it all. To them I give many thanks to. It has been a time of change in my life indeed. This was the outcome from my second attempt to be in the U.S. I know there are many details missing. The story would be too long, but in the end, there was one more attempt made on my part. And back to Nogales I went to be with my family after my stay in Santa Cruz, to figure out once more what to do.

I didn't take long before I was back to looking for someone else to bring me to the U.S. Only this time, I knew I had to do take a tougher pathway. It has to be through an area where we would not get caught. I had mentally been preparing for this. I knew this would be hard, but not as hard as it proved to be. During my search in Nogales, someone came to me and told me that one of his brothers could take me across through Santa Cruz. He said that his brother had taken drugs across, and that he knew the road well. I agreed for him to do this at the price of 1,500 dollars. I asked this person whether he had permission from the mafia. He said there would be no problems, that he knew the people there, and for me not to worry. We made the deal. This person was brother to one of my sisters' husband, but neither myself nor my family had ever been acquainted with him.

We arrived at Santa Cruz to look for this person on Saturday, September 21st around 8:30 at night. We met him at the place we agreed upon. I was in the company of my father, my mother, my two sisters and this person's brother. Once inside his home, the guide first told us that he needed money because his car had been impounded by local police. I handed him two 200 in pesos. My family stayed at his house while he, his brother and I went to the police station to pick up his car with this money. It was late however, and the police station was closed. He then took us to see one of his friends so he could entrust him to get his car out. He left the money there, and headed to a store. We already had all our food supplies, but he needed money to buy his own things. He later told me that what we went to the store for him to pick up were drugs for his own use. We went to another place for him to buy more drugs for himself. Once he was set with everything he needed, we went back to where our family waited for us in order to get ready to head out to the range. Again, I asked this man if there would be trouble with the mafia and he said, "The mafia won't even know about this. We will do this without them knowing". I have never felt fear in that sense, but I knew that the way he wanted to do this is something that should not be done. I had to go along with this and take that risk.

    We finished getting ready at his home. It was my very own father in his car who brought us close to the highway where we would be close to the border through Santa Cruz. We said our farewells to the family. I remember having forgotten a large gallon of water. We only had small bottles similar to Gatorade. The guide said, "This will get us through. I know where there is water". I however, didn't think it was enough, and found the bottles to be small. The first time I had attempted to cross, we had each carried two gallons. It was also raining a lot and we didn't need much water. Still, I had drank a lot of water then. I had also eaten plenty and rested plenty. I guess I assumed that this trip would be similar. Nevertheless, everything came to a good start. Once we were dropped off, we started walking around 10 at night. We had to walk for almost an hour to arrive at the point where we would cross the border to Santa Cruz. Once there, we looked for the spot from where we would cross. It was a low fence that we could easily jump over. After being on the lookout for some time there, we came out and jumped the border fence.

We advanced one or two kilometers within the U.S. I remember we came close to some lights coming from a surveillance area. We stopped. The guide knew very well what he was doing, and he knew the road well. He kept guiding us around these lights until they t eventually ended up behind us. We walked about two or three hours across flat terrain.. The pasture was wet because it had rained earlier throughout the day. Our shoes and legs were wet. We walked a lot that night. I remember coming to a halt because we saw a helicopter above, and a spotlight shining from a car from within the hill. The guide told me we had to go back because we had been spotted. We must have ran about one kilometer but I don't really remember. At times like this it can feel like a much longer run than it really is I suppose. We stopped to rest to see if we had been seen. My guide told me, that if we had been seen, they would surely arrive shortly after. They would have search dogs that would smell the foot prints, follow our tracks, and we would be pulled out from the very same spot we were hiding at.

  Nothing happened that night. We rested there for about two or three hours. By dawn on Sunday, we started walking again at around 6am along the edge of the mountain. It wasn't too high or too low. It took us a long time to walk through many of the flat areas. We ascended and descended around four times. If we stopped, it was a short five or ten minute stop before we headed out again. At 10am, we stopped to rest at a mountain until two in the afternoon before we headed out again. I remember that at one point, we were able to overlook the entire Santa Cruz valley. We could see all the houses and ranches   from the U.S. side. We hiked up some steep mountains. It was almost four in the afternoon when we walked through an area where some surveillance cameras had been placed on several trees. By the time we noticed however, it was already too late. We had walked right in front of them and they had detected our presence. We could see all the surveillance activity down below from the mountain. We saw how the vehicles would pass by as we kept watch. My guide seemed very sharp, and again, he knew what he was doing. I wondered however, how much he knew about those cameras. It seemed unusual to me that after all the precautions he took and, all the observing he did, we had come to stop and rest on a hill that wasn't much farther ahead. He prepared himself some food, and I rested. We had hiked through some very steep mountains and I wasn't very hungry. I was beginning to get very fatigued. I remember looking over to the place where we passed in front of the cameras, and spotting two individuals. There were two agents in white shirts. My guide said he didn't see them but that he did hear them. He said they went up the mountain by horse. I could not understand how they came up, or from where they came up on such rocky terrain. They came up fast though, because we hadn't even been there for one hour. The cameras had surely warned them of our whereabouts. We started running down the mountain. We found a spot to hide at and we waited. We could see Border Patrol cars with horse trailers starting to circle the mountain. We saw how they circled close to where we were, but we stayed put. After they had left, we walked down the hill, across the trail they rode through, and towards a lake that he had spotted from the hill. We had already ran out of water. It didn't really seem like anyone notice our presence from where we had hidden before, because there wasn't anyone around to stop us. We could still see the patrol cars far away, but the path we were took was clear. We got to the lake, filled our little bottles with water, and starting walking back up the mountain. I remember how tired I felt by sunset as we were still hiking up the mountains. I stopped to rest shortly before reaching the top because we'd been walking all day Sunday without enough resting time. Our plans to rest earlier had fallen through after being detected by cameras. Thankfully, we were now able to rest and eat. We slept there until the next day. On the morning of Monday, September 23rd, another day of walking would begin before the sun came out.

Photographs

Mario finishing concrete on new driveway in an upscale neighborhood in north Tucson

Perils of the journey. Body found SW of Tucson. Died from apparent heat exposure. Apparently, victim used sweater to shield themselves from sun to no avail.

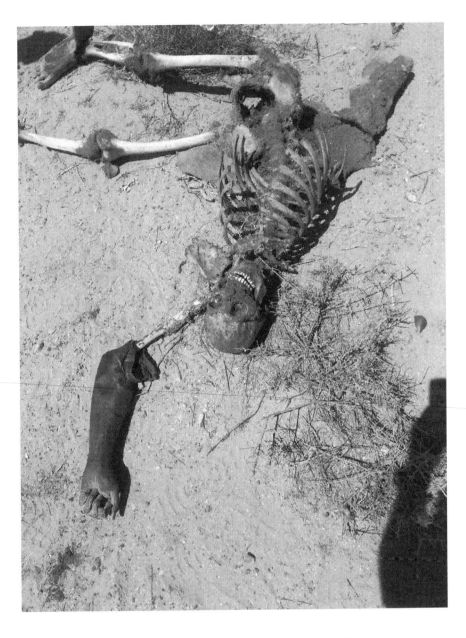

Another body discovered in the Southern Arizona desert. Still another casualty of crossing border in intense summer heat.

Buenos Aires Ranch southwest of Tucson is another popular area for border crossing and drug smuggling. While out archery hunting, my son and I stumbled onto 400 pounds of marijuana (seen stacked behind us by Border Patrol Black hawk Helicopter).

Forbearance!

I had rested well during the night, and my legs felt strong and ready to continue the long journey. Earlier that morning, the guide had told me to have a good breakfast. He said we would be walking for most of the day, and we had to make substantial headway. I had a hearty appetite at the time and I could eat plenty. We started walking down the mountain after breakfast. He had been keeping a close watch on all the Border Patrol activity at the base of the mountain. This is the area that we were heading into. The first of the four rest breaks we would be taking that day, was planned to happen at an area where we could be on the lookout for any Border Patrol activity and surveillance. There didn't seem to be much of it at the time.

I remember that as we were walking, there was a small area where I stepped around some bushes to avoid going through them. As I did that, I ended up stepping either next to a rattlesnake or maybe even on the rattlesnake itself. All I know, is that I heard the very loud sound of its rattler. The guide turned around to see what was happening. He grabbed a rock as he said, "You have to step where I step! Pay attention. Do not take other pathways. Follow my footsteps. We should not be leaving footprints. We have to watch everything. Do not make noise when you walk," and so on. He was very mindful of these things in the beginning. He was taking care of not leaving footprints, and checking to see that I stepped where he stepped. He would scold me whenever he thought I was not being careful despite the fact that I really was being very cautious. He had not stepped where the snake was hiding, but I did, and he noticed this. He threw the rock at the snake and missed hitting it as it slithered away into the bushes.

We arrived at our first resting spot. The guide could survey the area ahead from here and everything seemed quiet. We continued to hike up through a different mountain and afterwards, we came out to a spot that was lower. As we came down the mountain, we could see that there was surveillance. We rested there as we kept watch. On our second rest stop before this one, we had taken the opportunity to eat. This third one wasn't planned. We would have kept going were it not for surveillance down below. We head out again and circled around another mountain in order to bypass the area of surveillance, and we were able to keep walking without a problem. We came to our fourth rest stop close to nightfall before we crossed the highway leading to Sonoita, AZ. I remember that we did not have enough water. There was a tractor parked on the side of the road. The guide said, "I will go see if there is water on the tractor and grab it," and left me resting there.

We remained in that area that was close to some ranches nearby. We were waiting for nightfall so we could start walking again. "Before we begin, eat plenty," he said, "because we will be walking all night". I remember that I ate plenty that afternoon. It was probably the last time I ate well. I was well rested after four breaks, and my legs did not feel too weak. At sundown we began another long walk. "Gather up," he said, "we have a lot of road to cover in a short time because this is a high danger area. So speed it up". I remember that around that time, the way up was very steep, although not mountainous nor rugged. I do know that we were heading up, and that we spent a very long time walking in that direction. He did not want to stop. I, on the other hand, was starting to feel very tired. I remember that he helped me with my backpack so that I could walk faster as we were hiking towards steeper ground. "Please...please let's stop," I would say to him as I grew tired. He refused, adding that we had to go up to higher ground due to the danger in this area. He kept on as I continued to follow. I started to slow down more and more each time, until I would get to the point of just having to drop down to the ground to sit. He would look at me, and would start yelling: "Pull yourself together! We have to get to another spot where there won't be any danger!" I felt very tired from all the uphill. He had to come to a stop because he could see that I could barely walk.

—"Fine then...rest up and start eating, because we will continue soon. We will not stay here very long" —he said.
—"But how am I supposed to eat if I'm not hungry? I'm fatigued. I need to catch my breath. I need to rest some before I eat" —I said.

—"Don't play dumb with me! Start eating and pull yourself together. We will not be here very long."

—"Well, I need to rest before I eat. If I don't rest and catch my breath first I won't be able to digest my food".

—"Well, I don't know how you're planning on doing this, but you have to toughen up because we are not here for long. We have to walk".

I did not eat that night. I remember wanting only to rest after that last steep mountain.

It was long before dawn when he woke me up on Tuesday. "Come on... gather up!" —he yelled. I slowly got up. We headed off, and we stayed on the move long after sunrise. I began tiring more and more from having walked part of the night and part of the morning. My footsteps became slow, and as we went up the slopes, they got even slower. The guide was starting to get irate, yelling. "Pull yourself together! There is a lot of mountain ahead and if you continue like this, you will not make it! You will be left out here! So pull yourself together. That is why I told you to eat, so you could gather some strength!" We were coming down a very steep mountain. He was already very angry because we were descending at a very slow pace. I remember that at some point, he grabbed a rock. He threw the rock at me, and ended up hitting me in the testicles with it; where it hurt so much. The rock was as big as my fist, and he had thrown it from about 60 meters away, more or less. When he saw that he had hit me, he climbed up to where I was. The pain I felt at that moment brought me to my knees and I fell to the ground. He was very angry as he told me, "Why don't you toughen up! You keep this up and you will not make it! You will die on the way! There is still a lot of mountain to cover!" I replied, "If you keep treating me this way we will never get there".

Little by little, I slowly recovered from the pain as we started walking downhill again. With this act of violence, a battle had begun. This battle, which I did not know of, would become harder and tougher. As more time went on, the less ground I was able to cover, and the angrier the guide became. At the end of the day Tuesday, we arrived at the spot where he wanted to be. It was close to sundown and he said we would rest a little. "Start eating and get rested, we will be walking again tonight. We will come down this mountain. So, do what you have to do, and be on the lookout because this is where surveillance begins again."

I don't know what made him change his mind, but it was a good thing that we did not descend through that part of the mountain that night. As the sun set, he realized there was high surveillance activity down below. We could see the headlights from all the vehicles. We saw several patrol officers and border patrol vehicles passing through the trails. This might have been the reason why we didn't go further that night. He said: "We will have to rest up here, and go around that other mountain. That's the last one." I remember hearing him as he spotted a plane that flew close by over us while I slept. I say the word 'sleep', but nobody could ever truly be able to sleep out there under those conditions. Only the body rests; the physical part, that is. There are small rodents, critters, mosquitoes, and many other insects to watch out for. From where we were at on the mountain, we could already see the lights from the city of Tucson and all the small towns along Interstate-19. Once he had spotted the plane, we moved higher up from our initial resting spot. He said these planes are capable of detecting movement from very long distances, and that we might have been spotted. Thankfully, this did not turn out to be the case. The entire night was quiet and peaceful.

By dawn on that fourth day, Wednesday, I remember no longer feeling hungry. Food was beginning to disgust me, and I felt the urge to throw up every time I attempted to eat anything or merely by just smelling any food. It had also become hard to swallow food. I was only able to drink water. The guide would get very angry. "There you go again acting like an asshole. Eat! Don't be bullshitting. Even if you aren't hungry, eat. Even if you can't. You will not make it out here. You will die. You'll go down," he would tell me. Still, I could not eat. I was only drinking water, and even water was becoming difficult to swallow. I had my last meal the day before and that in itself had been a struggle. I had a small amount of Maizoro cereal with milk. It wasn't too much. We carried powder milk, which was mixed with water, and we were running out of water by making milk. I remember that every time we would come close to running out of water, we would somehow arrive at a place where he knew there would be some. He knew the roads well, and the places where he could find it. There were small creeks running through the mountains, and over by the ranches, water could be found where the cattle go drink from.

During the night that we spent at the mountain resting, the guide had already started contacting my family by phone. He was talking to my sister and my wife to tell them where to pick us up on that very same Wednesday night. We were still very far away though. I told him not to call them yet until we were closer. He snapped at me, saying: "You just shut the f*** up. I know what I'm doing. Stay out of it. I'm the one taking you. I know how I will do things". To make matters worse, he began telling my family that I no longer wanted to walk, that I refused to eat, and that I wanted to just give up. He told them that I wouldn't make it, and that I was going to die. I cannot imagine my wife and family having to hear this, and the anguish they must have felt by those words, which of course were untrue. I knew and felt, that all I needed was a little more rest for my legs so that I could continue on. Every time we rested, I was able to recover, and I could walk for a great distance. The guide however, did not want to stop. I also knew that he had run out of drugs, and this caused him to become angrier as time went on. When he would speak with my family on the phone, they would ask to speak to me so they could hear my voice. He would tell them that I was asleep, or that I did not want to talk, but these were lies. He carried on doing things his way, and he would not let me speak. All of this had started on Tuesday afternoon, our third day of travel.

By dawn on that fourth day, Wednesday, I remember no longer feeling hungry. Food was beginning to disgust me, and I felt the urge to throw up every time I attempted to eat anything or merely by just smelling any food. It had also become hard to swallow food. I was only able to drink water. The guide would get very angry. "There you go again acting like an asshole. Eat! Don't be bullshitting. Even if you aren't hungry, eat. Even if you can't. You will not make it out here. You will die. You'll go down," he would tell me. Still, I could not eat. I was only drinking water, and even water was becoming difficult to swallow. I had my last meal the day before and that in itself had been a struggle. I had a small amount of Maizoro cereal with milk. It wasn't too much. We carried powder milk, which was mixed with water, and we were running out of water by making milk. I remember that every time we would come close to running out of water, we would somehow arrive at a place where he knew there would be some. He knew the roads well, and the places where he could find it. There were small creeks running through the mountains, and over by the ranches, water could be found where the cattle go drink from.

As we continued on the fourth day, we went on a steep uphill hike to circle around the last mountain. We rested for about half an hour at the most. We started going downhill for what seemed like a very long time towards some ranches nearby. There wasn't any danger or surveillance there either. After that, what followed were mostly downhill and flat areas. We were already approaching the road that goes to Santa Rita, near Tucson. I thought that walking downhill and going through flat ground would not tire me as much, but I was wrong. Not only were my legs tired, but they hurt, and they felt weak. Once again I started slowing down. The guide did not want to rest again. This time, he was furious. He started hitting me on the head. I don't know if these were open handed or closed fist hits but it hurt like hell. He continued to mistreat me both verbally and physically. At this point, I was not fully aware, but I could feel the blows to my head. This man wanted to get to the Santa Rita mine road at any cost. He wanted for us to be picked up that same afternoon. It was only Wednesday.

—I pleaded, "Please, let's stop and rest!"
—"Later...further ahead" —he would respond.

Before the SUN Came Out 44

—"Wait."
—"We have to get there today so they can pick us up."

He would not listen. I had no more strength. I felt weak. I would keep falling down to the ground. He kept having to go back to pick me up. I remember that at one point, he started kicking me while I was on the ground so I would get up. I had no strength left, and he would not hear of it. He would also take my water so that I would follow him. I would get up, and would have to follow him until he would return my water. My mouth would dry up very quickly. I had to soak my lips and my tongue with what little water there was left. He also wanted to get where we could find water as he had ran out of it some time ago. I would draw strength from God because only God could me that strength. But there were also moments where I just couldn't go on. I just could not walk. I remember going down on the ground and telling him I would not move from there.

"I will not move," I said. "I don't care if you kill me, but I will remain here until I rest and until I gain strength". He was livid. He began screaming at me, and hitting me. He had wanted us to remain cautious against making noise throughout the journey, and insisted that we be quiet. But at that moment, he seemed to have forgotten just how close we were to the road, and to the trails where Border Patrol surveillance passed through. He was screaming at me loudly, and he was hitting me as I lay on the ground. He kept kicking me in the ribs, on my back, my groin and in the stomach. He kicked the air out of me. At one point, he threw the hardest kick in the area below where my spine ends. I say it was below my tailbone. Others would say it was right in the ..... I can't say it. Anyhow, that is where he kicked me. This was the hardest hit I took so far. It was painful to the point that the pain lasted about three weeks. That pain made me shudder, and every one of my bones vibrate. The pain was unbelievable. It made me nauseous and I unable to sit for some time. The shoes he wore were big and heavy. He hit me with all his strength and all his anger.

From that point on, everything was abuse, screams and blows to my head. He would pull me by the arm, and he would push me around. At that point, he was just crazy, he seemed like a mad man. He was desperate. That afternoon, he had already told my sister where he wanted us to be picked up, but we were still very far away. Those areas were dangerous for someone to be picked up at. They were closely watched. In fact, my sister, my wife, and my daughter had been roaming around close to the mountain looking for us. I learned later that they had been pulled over by the Border Patrol that day. They were asked to explain what they were doing out in such a remote area. They told the agents that they were lost but the agents knew they were lying. They were just desperate to find us after everything the guide had told them. They didn't hesitate to go searching for us by the mountain. Thank God nothing happened. They were only questioned, and left to go about their way since they are legally allowed to be in the country. They could have gone through scrutiny, and they could have been accused of being 'polleras' (smugglers) or something else. They surely seemed out of place where they were stopped. For some reason nothing happened however.

We were unable to arrive at the point where they would pick us up that night. We had to sleep one more night in the desert. We were no longer at the mountain. We were close to

Sahuarita, a small town approaching Tucson. I remember that it was very cold that night. We had already disposed of our blankets. He had brought one big blanket, and my mom had given me two small ones. Those were left behind too. I could see myself shaking from the cold. That last night on Wednesday, I remember how my clothes were full of thorns and spines. My pants were ripped top to bottom from the front. There were spines all over my legs, arms and my entire body. I had insect bites all over that would not stop itching. I could feel all of this just weakening me more and more that night. Thankfully, I had brought another change of clothes, and decided to wear it that night to sleep in. We were still however, very cold without our blankets. As I remember, we also stayed close to a creek. The guide was very angry because I was unable to go on. He let me rest a little more that night. That next morning I felt I had recovered my strength. We had also stopped by a place to gather enough water to make it through our last day until we arrived.

I remember the on the day that he started beating me, and gave me the kick that caused me excruciating pain, I had been carrying a small crucifix in my pocket about two inches in size. I don't know how this happened, but the crucifix fell out of my pocket at the time of the beating. When he was through hitting me, he was about to stand me back up in order for me to keep following him. He bent over to pick the crucifix off the ground and handed it to me. That small event although meaningless to him, was a very important one for me. It was after that happened, that this man no longer hit me. He let me walk freely. He did not push me. He did pull on my arm a few more times, but those were the last. I feel that this was a very important aspect of the trip. I feel that only God was there to defend me. At that point, I could see there was this force, much higher and more powerful than me, that allowed me to continue walking. I also remember that when he had been hitting me, there had been two occasions where he had complained. He complained that his hand would hurt when he hit me. I had felt how hard the blows to my head were, but I do remember that he did complain twice as he swore at me, "Son of a bitch! What the f*** do you have in your head that hurts my hand when I hit you!" I do believe that something was there defending me. I felt the hits, but when I think of him, I wonder how it was possible for his hand to hurt in that manner while he hit my head? I know I have a hard head but I could not understand why he was complaining about the pain in his hand when it was I that was getting the beating. I have the notion that he was acting on behalf of someone who was battling against me. It is something spiritual. I cannot really speak to the reasoning behind this , but I saw everything that happened to me from a different point of view. I see that God allowed for this, and if this is how things happened, it was because of God's will. Nonetheless, I am very grateful for the manner in which he brought me. I do not hold resentment. I ask forgiveness from God for everything. I only wanted to make it understood that God is great, and when we are truly in need and despair, he is there to help us.

Thursday, September 26th, was the last day of the journey. By dawn, we were about two hours away from Sahuarita and had begun walking at a distance of about a 50 or 60 feet alongside the road that heads to the Santa Rita mine. We could see people in their trucks passing by on their way to the mine. We hid every time we heard a car pass by.

After about an hour of walking, we could already see the first town there. Sahuarita, I assume. I don't know if it has another name. I remember that when I looked at the sign with the name of the street, I told the guide that we could give my sister the location so that they could pick us up there. They had a phone that would locate the address.

—"No....quit being a pain in the ass," he answered. "We will get to the edge of the highway. I know what I'm doing. You need to quit telling me what to do".

So I no longer said anything to him. His temper would begin to flare as soon as I started saying anything. Either way, I felt stronger that morning because we had rested throughout the entire night. This had been the case all along. All I had needed each time was rest. And he knew it, but I believe that his hurry and rush had much to do with being out of his drugs, and wanting to get to town soon.

We passed through the first town, arriving to the area where all the nut trees are grown. We walked across three nut tree fields and a pecan grove. We did all this without finding any danger. I remember we arrived at the railroad, and close by was the highway. This at is where we stopped to rest under a mesquite tree. He started texting my sister who had already been looking for us during the morning. I remember he gave her our location. He told her she could find us next to where some signs stood, and some barricades were piled together on the side of the highway. This would be the clue for them to know where to find us. My poor sister, who was with my mother at the time, remembers searching for us. She drove from one side of the road to the other, spotting numerous places with both signs and barricades everywhere, wondering how she would guess behind which one of these we were hiding behind. She couldn't find us.

The guide was livid as we waited nearly an hour for them to come get us. With those clues however, they would never be able to find us. I wanted to tell him this. I wanted him to know we needed to go to a place where we could pinpoint the exact mile we were located at. But he would not let me speak. He would tell me once again: "I know what I'm doing. Mind your own business, and shut the f*** up!" I could not say anything, because he was going to do things his way and he believed he was doing them right. Nonetheless, were never going to found while hiding under a mesquite tree at the edge of the highway. The clues he gave my family were not good. I remember him starting to swear at them. "Stupid bitches! They won't find us. The phone isn't worth a shit. The minutes are gone. I won't be able to text. They just didn't find us. I'm going to turn myself in!" he said. "I'm going to turn myself in and that's it." He was about to toss the phone. "They just didn't find us! I have no battery charge left on the phone. I'm turning myself in. These stupid bitches don't even know where the hell they are!" He finally let me speak. I did tell him, "Look, let's leave from here and walk to a spot where we know exactly where we are." "Let's go then, gather up," he responded. "Where should we walk to: down the road? Up the road?" I asked. "Anywhere...up the road, come on," he said as he headed that way. I got up and we started walking. We had not even walked a hundred feet when we spotted a road curve with a mile number. Mile 47. It was the old Nogales Road. Where there were many nut trees. On that curve is where the sign was. "This ought to do it," I told him. There was still some charge left on the phone, so he sent that last text. 'We are at mile 47, 'old Nogales'. It didn't even take five minutes after that for my sister to show up where we were at. She had received exact information that she could use to locate us for a change. I remember it was around 10:00 or 10:30 in the morning. There were many cars passing by. As soon as my sister and mom arrived, we hurried out and ran to the car. They saw what shape I was in. I felt as if I had recovered, and as if though I could have walked more because we had rested. But by what they tell me, they found me in very bad shape. Truthfully, I may have not been well. I don't feel as if I was about to die as they seemed to think however, regardless of what the guide had told them. I thanked God for finally being on the road. We turned around in Sahuarita to head up the Interstate-19 and made it all the way home. My wife was waiting outside to see me, and she remembers that I did not greet her nor did I acknowledge her. I remember I did as I opened the car door, gave her a half hug of sorts and went straight inside the trailer. My wife saw the shape I was in and my family was all very worried. I was thankful to God that it was all over. We had both made it there. My family had prepared us food. They also had Gatorade, pedialyte, soda and everything we had asked for them to have ready for us whenever they came to pick us up. It was all over. This is an experience that I do not wish for anybody to go through.

Perhaps we tend to cling to some things that may not be part of God's will. And many times we fight against that will. But when God wants for things to happen, they do happen. For example in my case. I had a lot of faith that I would make it over. I was sure that it would be my faith that brought me. I didn't know how, but God chose this path for me to make it back, and I am very thankful. I do not hold any resentment against this guide, because he did bring me. He had promised that he would bring me no matter what. He had told my mother this. If God allowed for it to unfold this way, then I am thankful. I was able to clearly see that, here on earth, the struggle is sometimes more within the spirit than within the flesh. One must accept this. And this is how everything happened in my life, I would like to thank God first of all. I would like to thank everyone that helped me. To everyone who asked me to tell this story. To my family and my sister Teresita, who risked a great deal to come find me. To my community from Santa Margarita Church who was there for me always, helping, and at times even fasting on my behalf. To everyone who has continued to help me up until today with work, with money, with everything that I needed. I know there are many details that I forgot, and I know that I wasn't able to do this very well as far as telling exactly how it all happened. Nonetheless, this was something very significant that I was able to express in this story. And as for myself, I would like for no one from my family to know about everything that I went through. About how this man mistreated me during that journey, about the hitting, and all the abuse I endured from him. I wish for my family not to feel hatred for him. I would like for this to remain among those whom I trusted to tell. This is all I can share with you.

    I thank everyone. I thank God. Although my hope is that nobody goes through this, I know that there are many people who will. One of the main reasons for me to pray at this moment, every moment and every night, is of those who are walking through the desert. All of those who are incarcerated, and all of those who are kidnapped. The stories that are told and heard are real. Many of these are worse than my own story. My story pales in comparison with many that have very sad and tragic endings such as death and many other things. Thank you for everything. May God bless everyone that made it possible for me to do this. In the name of Jesus, Amen.

Conclusion

This story was not intended to sway the reader one way or the other on his own feelings toward immigration reform. When I first heard of the story and all its details, it gravitated to the very deepest chambers of my soul and I felt compelled to tell it. I felt the need to tell the story because of the humanitarian factors involved. The exploitation from the "Mexican Mafia" and the human traffickers only compound the often unbearable conditions the undocumented immigrant must endure before crossing the border to the "promise land". According to the Pew Hispanic Center, there are currently 11.2 million unauthorized persons residing in the United States. Each year, approximately 300,000 more unauthorized immigrants enter the country. For the most part, these immigrants feel compelled to enter by either hopes or promises of employment in the U.S. agriculture, construction and service industries. Most of the unauthorized flow comes from Mexico, a nation struggling with severe poverty and where it is almost impossible to earn a living wage and less probable to meet the basic needs of supporting a family. In light of all this, many unauthorized individuals consider the prospect of being apprehended for crossing illegally into the United States a risk they need to take. Whether the immigrant is brought in by a smuggler who charges an exorbitant sum of money and then transported to the U.S. under perilous conditions or whether he decides to cross through the Southwest's treacherous deserts, the fact is thousands of them have tragically perished in such attempts from heat exposure, dehydration, drowning and, yes, even murder. Mario continues to live in the United States much in the way Dr. Richard Kimball from the 1960s The Fugitive did. He can go out and find work on an almost daily basis. He can go out and buy groceries, go to church and do almost anything a U.S. citizen does. But at the end of the day he knows any moment, any accident or incident where his real identity is revealed, he will go back to where he started.

About the Author

Frank (Pancho) Moreno was born in Tucson, Arizona. He has lived in Southern Arizona all his life. After graduating from high school he attended Pima College. Mr. Moreno went on to become a commercial concrete contractor specializing in structural concrete. He has since retired from the concrete business. Housing for the homeless and affordable housing has always been two of his advocacies. He has served on the City of Tucson Housing Advisory Board and for the past 10 years he has been the Chairman of the Pima County Housing Commission in Tucson, AZ.

You can reach Frank Moreno at:
frank@beforethesuncameout.com.

Before the SUN Came Out 57

Antes de Salir el SOL

PRIMERA EDICION

beforethesuncameout.com frank@beforethesuncameout.com

Moreno, Frank

Antes de Salir el Sol / Frank Moreno — Primera edición. 50 paginas

Derechos de Autor© 2014 por Frank Moreno Todos los Derechos Reservados

Ninguna parte de este libro puede ser utilizada o reproducida de forma alguna sin el permiso previo escrito del autor, salvo en el caso de breves frases contenidas dentro de artículos críticos o revistas.

Printed in the United States of America.

Dedicatoria

Esta historia es dedicada a mi hija Anna y a mi hijo Frank, quienes día a día continúan siendo una gran inspiración en mi vida; a Edna...mi alma gemela, y mi pilar. Sobre todo, un muy especial agradecimiento a tí Mario. Me dejaste ver el interior de tu vida, permitiéndome así traer a la luz esta historia. Por ello, quedo eternamente agradecido.

Introducción

A mediados de la década 1990, me desempeñaba como contratista de proyectos de concreto residenciales y de pequeñas empresas comerciales. Para el año 1999, había decidido lanzar mi sombrero al aro y unirme a los grandes contratistas industriales y comerciales. Presenté una cotización para un gran proyecto, el cual se me adjudicó. Se trataba de la nueva escuela Ironwood Ridge High School en Oro Valley, localizada a seis millas hacia el norte de Tucson. Esto significaba que me veía obligado a prácticamente triplicar mi fuerza laboral de 24 trabajadores a un total de casi 70. Es aquí en donde comienza esta historia. Rápidamente se corrió la voz sobre mi búsqueda de trabajadores para el proyecto recientemente adquirido. La comunidad laboral hispana local, tiene su propia manera de difundir este tipo de información. Por esta razón, no me fue necesario publicar anuncio de empleo. Los interesados en este trabajo sencillamente se presentaban a aplicar en grupos. Es así como conocí a Mario (nombre ficticio para proteger su identidad). Nunca olvidaré aquella expresión un tanto infantil en su rostro al preguntarle yo por su tarjeta de identificación. Su apariencia semejaba a la de un joven cuya edad no pasaba un solo día de haber cumplido los 15 años. En realidad el tenía 31 años, y contaba con licencia de conductor y pasaporte para comprobarlo. Mario aprendía muy rápido, y en poco tiempo se convirtió en un elemento vital de mi organización. El era confiable, honesto, y muy trabajador. De hecho, me conmovió tanto su dedicación, que al cabo de algún tiempo, había yo empleado a varios miembros de su familia. También le brindé su propio troque personal para permitirle trasladar sus herramientas y mi material a los locales de los proyectos. Completamos el proyecto de la nueva escuela dentro del la fecha y el presupuesto fijados. Yo seguí adquiriendo más proyectos de esa escala, y todo continuó de esta manera hasta una buena parte del nuevo milenio. Para ese entonces, Mario ya se encontraba bastante establecido aquí en los Estados Unidos. Su esposa e hijas se encontraban viviendo aquí. De hecho el había comprado una casa, y sus dos hijas se encontraban inscritas en escuelas dentro de la comunidad. Sus padres, tanto como el resto de su familia, vivían todos en Nogales, México, justo al cruzar la frontera. Aproximadamente cada semana, el llevaba a su esposa e hijas a visitar al resto de la familia en Nogales; regresando siempre en domingo y así estar listo para trabajar el lunes. El jamás tuvo problema alguno con autoridades de inmigración o autoridades policiales cuando llegaba el momento de cruzar la frontera. Cabe decir, que Mario llevaba una vida ejemplar. El era un residente modelo. Nota usted como no utilicé la palabra 'ciudadano'? El no tenía vicios de los que yo supiera. Acudía a misa cada mañana antes de acudir a su trabajo. No bebía, no fumaba, y no usaba drogas. Además, el pagaba sus impuestos anuales a través del numero ITIN asignado por el gobierno estadounidense. Sin embargo en el 2008, después de una simple parada de tráfico, la vida de Mario jamás volvería a ser la misma. En octubre del 2008, Mario y su hermano se dirigían a trabajar cuando fueron detenidos en una parada de tráfico rutinaria por el departamento de seguridad pública de Arizona (ADPS), también conocidos como el servicio de patrullas de autopistas. A continuación sigue la verdadera historia de la trayectoria de Mario tal y como él me la relató.

Prólogo

Con demasiada frecuencia, se llega a escuchar sobre las difíciles situaciones por las que viven los inmigrantes ilegales. Se escuchan las historias de como muchas veces son hallados en casas de escondite, o como son detenidos por estar aquí ilegalmente, e incluso como han sido encontrados sin vida a lo largo del implacable y quemador desierto de Arizona. Para la mayoría, el camino no solo ha consistido en viajar desde el punto de partida al punto de llegada sin incidente alguno. En algún momento han tenido encuentros con la Mafia Mexicana, con traficantes de personas, y finalmente con la misma Patrulla Fronteriza de EE.UU. Estos son algunos de los temas sobre los que trata esta historia: la experiencia de una persona con todas estas facciones, y la manera en que afrontó todas estas disparidades para venir a vivir el sueño americano.

ANTES DE SALIR EL SOL 12

Deportación

Hola amigos primeramente le pido a mi Dios que me ilumine con su Espíritu Santo, para que todo lo que vaya yo a decir en esta historia, provenga de mi corazón... ya que es una historia real. Mi nombre es Mario, y voy a compartir algunas de las experiencias por las que he vivido, y lo que a veces muchos de nosotros hemos llegado a hacer en nuestra lucha por obtener la oportunidad de vivir en los Estados Unidos. Es una historia real, y espero que nadie pase por las difíciles experiencias que yo he tenido que pasar.

La historia comienza un día 23 de Octubre del año 2008, aproximadamente las 5:30 de la mañana cuando mi hermano, un amigo y yo nos preparábamos para ir a trabajar. Como teníamos un proyecto pendiente al norte de Tucson, Arizona, abordamos la carretera I-10 desde la calle Prince Road para dirigirnos hacia allá. Nos encontrábamos ya por la vecindad de Ina Road y Cortaro, cuando notamos que una patrulla parpadeaba sus luces detrás de nuestro vehículo indicando que nos detuviéramos. El oficial nos informó que la razón por la cual nos detuvo, se debía a que la lámpara que ilumina la placa del vehículo no funcionaba muy bien, y por lo tanto no podía ver bien la numeración. Nos pidió formas de identificación y mostramos ambas licencias de conducir. La mía y también la de mi hermano. Nuestro compañero también mostró su tarjeta mexicana de identificación. El oficial después pidió ver documentación de nuestro troque de trabajo. Encontramos el registro, pero no podíamos hallar ningún comprobante de seguro. Por esta razón, nos pidió permanecer allí mientras continuábamos la búsqueda del seguro, el cual no pudimos encontrar. El oficial procedió a multarnos.

    A continuación, se dirigió a llamar a la Oficina de EE.UU. de Inmigración debido a que las tarjetas de identificación mostradas eran provenientes de México. Así pues, nos mantuvo detenidos hasta que llegaron agentes de inmigración a la escena. Fuimos de allí trasladados al centro de detención de inmigración. Una vez que llegamos al centro de detención, fuimos sometidos a un proceso de investigación con el fin de averiguar cuál era el motivo por el que nos dirigíamos a trabajar al lado norte de Tucson. Y fue así, que permanecimos detenidos el resto del día y toda la noche de ese jueves. Al siguiente día, tuvimos nuestra primera audiencia. Los abogados defensores designados, nos informaron sobre los cargos que se habían planteado en contra de nosotros. Se me informó que estábamos siendo acusados de entrar ilegalmente al país, y por ese motivo, íbamos a ser deportados. Yo le insistí a los abogados, que no había entrado al país ilegalmente; y que había cruzado el domingo anterior con mi pasaporte. Siendo así, los abogados después dijeron, que si teníamos nuestros pasaportes [Mi hermano y yo], no había ninguna razón para estar allí en esta situación. Añadieron que si teníamos nuestros pasaportes, seríamos puestos bajo libertad ese mismo día ya habíamos cruzado la frontera legalmente. No habíamos cometido delito alguno! Los abogados procedieron a hablar con el fiscal, y parecía que habían llegado a un acuerdo. Nos dijeron que seguidamente de presentar nuestros pasaportes, nos dejarían en libertad ese mismo día viernes. Pedimos entonces nuestros pasaportes a través de nuestras familias para poder presentarlos, y solicitamos asesoramiento de nuestros abogados para asegurarnos de decir o aclarar lo necesario ante el juez antes de ser puestos en libertad. Sin embargo para entonces, todo indicaba que ellos habían cambiado de parecer. De pronto ya no nos aseguraban el hecho de que nos íbamos ese mismo día. Dijeron que el fiscal había presentado otros cargos en contra nuestra, y que por lo tanto, ya no seríamos liberados el viernes. Añadieron además, que tendríamos que esperar hasta el lunes para comparecer ante otra audiencia en la cual se determinaría que sería de nosotros. Mi hermano y yo fuimos trasladados al centro de detención en el pueblo de Florence, AZ, en donde tuvimos que permanecer el fin de semana entero. No volvimos a saber más sobre lo que había sido de nuestro compañero. Durante las primeras horas de la madrugada del lunes, nos trasladaron de nuevo a Tucson a comparecer ante el tribunal. Recuerdo que comenzó la audiencia tan pronto como habíamos llegado al tribunal a las 7:00 de la mañana. Los abogados dijeron no tener conocimiento sobre lo sucedería con nosotros. Nos dijeron que el caso, y nuestra suerte, estaban ya en manos del departamento de inmigración. La decisión en cuanto a el hecho de presentar o no nuestros pasaportes, con el fin de que el juez o el fiscal llegaran a una decisión, sería nuestra. Yo realmente no sabía cómo se llevaba a cabo este proceso. De cualquier manera, pare entonces nuestros abogados ya no se ocupaban de aconsejarnos. Se suponía que presentaríamos nuestros pasaportes con el propósito de ser puestos en libertad. Y no estábamos negándonos a presentarlos. Lo que sucedió en este transcurso, es que también estábamos siendo acusados de haber cruzado ilegalmente, lo cual no era verdad. Aun habiendo cruzado como se debe por el paso fronterizo de entrada a los EE.UU., seguían los esfuerzos en querer obligarnos a admitir que habíamos cruzado desde un punto diferente. Finalmente, se llevó a cabo un proceso de verificación, el cual los hizo conscientes del hecho de que nuestro cruce fue legal. Pero para cuando se determinó esto, nosotros ya nos encontrábamos bajo el proceso de deportación. Ese mismo lunes por la tarde, presentamos nuestros pasaportes. Esta pesadilla, la primera de muchas, llegó a su fin. Entre 7:30 y 8:00 de la noche, nos dirigimos a Nogales, Sonora México para estar con nuestra familia. Gracias a Dios nuestros padres viven allí, y decidimos quedarnos allí por algún tiempo. Mi hermano decidió permanecer en Nogales porque su familia residía allí en ese entonces, pero yo había tomado la decisión de volver. No sabía cómo, pero encontraría la manera de regresar a estar con mi familia en Tucson, Arizona.

Empecé así, mi búsqueda por alguien que me ayudara a cruzar a través del monte, sólo que esta vez, sería de manera ilegal. Encontré a alguien, con quien hice el trato. Quedamos en que el me llevaría a pasar el punto de revisión del retén fronterizo, y alguien más me recogería de allí para llevarme a Tucson. Él me cobraría 400 dólares por hacerlo.

Llegamos a este acuerdo un sábado 4 de noviembre. Para entonces, aquel compañero que había sido detenido junto conmigo y mi hermano, y quien después nos enteramos permaneció encarcelado en EE.UU. por un largo tiempo, decidió unírseme en el regreso. El costo ahora sería de 800 dólares por llevar a ambos hasta pasar el pueblo de de Arivaca, Arizona, donde se encuentra el retén de revisión de Patrulla Fronteriza entre Nogales y Tucson.

Llegado el día, viajamos primeramente en carro hacia un pequeño pueblo llamado Mascareñas. De allí, caminamos alrededor de una hora para llegar a una área cercana a la frontera. El grupo consistía de de un guía, su ayudante, mi amigo y yo. Intentaríamos cruzar la frontera el sábado día 8. Permanecimos ocultos en la colina inspeccionando el área, esperando la oportunidad para cruzar. Una vez que anocheció, el hombre que nos guiaría, se dio cuenta de que había dos personas que vigilaban la frontera del lado mexicano. Seguidamente, nos dijo que no podríamos cruzar. Dijo que esto se debía a que la 'mafia', estaba presente, vigilando y cuidando de la droga que se iba a cruzar hacia los EE.UU esa noche. Agregó que la mafia, no permite que otras personas intenten cruzar cuando ellos se encuentran allí haciendo ese tipo de trabajo. Así pues, no nos quedó otro remedio que caminar de regreso al pueblito de nuevo para intentar otro día.

Durante el transcurso de nuestro caminata, nos dimos cuenta que la persona que estaba a cargo de cuidar si cruzaría droga, parecía seguirnos. Sentimos temor, además de no saber cuántos eran los de su grupo quienes lo acompañaban. Seguimos caminando, y al paso de poco tiempo llegó a alcanzarnos. Vimos que venía solo. Lo saludamos, y nos saludó de vuelta. En conversación nos dijo que había estado allí todo el día, pero que tenía mucha hambre y nadie la había llevado nada de comer y por eso iba a la ciudad. Cuando llegamos a cierto punto, él se detuvo para atravesar unos árboles detrás de los cuales lo esperaba un compañero suyo. Ellos le llaman a estos lugares "puntos de guardia". Desde los puntos de guardia, ellos vigilan en caso de que lleguen miembros del ejército mexicano. Si esto ocurre, pueden dar aviso para que se oculte la mercancía que pretenden cruzar. Así es como funciona la mafia, y es también por eso que no nos dejan a nosotros los indocumentados intentar el cruce. Avanzábamos hacia el pueblo, y nos detuvimos a descansar alrededor de unas casas abandonadas situadas en las afueras de la ciudad. Allí esperaríamos a que nos recogieran nuestros familiares de Nogales. Fue entonces, cuando siete u ocho individuos llegaron a donde estábamos. Estas personas, suelen vagar por el área de la frontera y son conocidos como 'bajadores'. Los 'bajadores', se dedican a buscar y asaltar a los indocumentados que intentan cruzar para despojarlos de sus pertenencias. En muchos casos, los obligan también a atravesar droga, y no les dejan otra opción que convertirlos en asaltantes de otros indocumentados a lo largo de la frontera. Así pues, el grupo que nos rondaba no tenía otra intención que no fuera la de hacernos daño. Por fortuna

nuestro guía conocía a algunas personas dentro de la mafia de Nogales, y nos encontrábamos ya en Nogales. Es por esto que no nos hicieron daño, pero todavía seguían con intenciones de tomar nuestras pertenencias. Seguían amenazándonos y acosándonos mientras intentaban arrebatar nuestras mochilas y abasto de alimentos. Fue precisamente en este momento, en el que llegaron nuestros familiares. Rápidamente corrimos y brincamos adentro del carro y pronto nos dirigimos de regreso a Nogales.
Así pues...por el grado de actividad de la mafia a lo largo de la frontera esa noche, nuestro primer intento en cruzar resultó ser un fracaso.

El acuerdo se hizo para hacer el segundo intento el día martes. Una vez más, nos dedicamos en la preparación de abastos, y nos dirigimos al mismo lugar por el cual hicimos nuestro primer intento. Esta vez, pudimos primero cruzar el área de la frontera sin ningún problema ya que no había mucha seguridad de la mafia. Después de haber pasado por toda esa área, nos dirigimos hacia la montaña. Caminamos toda esa noche para atravesarla. Ya para cuando empezaba a salir el sol, llegamos a descansar a un lugar en el cual pudimos dormirnos bajo un árbol. Recuerdo bien este lugar, ya que se encontraba cerca del aeropuerto de Nogales, Arizona. Los aviones volaban sobre nosotros a medida que llegaban a la ciudad. Dormimos y descansamos durante todo ese día después de la larga caminata nocturna. Al caer la noche, empezamos de nuevo a caminar. Fue a cierto punto de la caminata, en el que noté que nos dirigíamos demasiado lejos hacia el lado norte, pero no dije nada. Un poco más tarde, me di cuenta que íbamos caminando como si fuéramos de regreso a Nogales. Para entonces, podía ya ver las luces de ambas ciudades: Nogales, Arizona y Nogales, Sonora. Definitivamente, supimos con toda certeza que íbamos de regreso. Y para cuando habíamos cruzado la carretera rumbo a Patagonia, llegamos a la conclusión que nuestro guía había hecho cambio de planes y ocultaba lo que pensaba hacer con nosotros. Al amanecer esa segunda noche, sin razón alguna, nos dijo que nos dejaría en la carretera por el kilómetro 12, y que habíamos de llamar a alguien para que fuera a recogernos. No cumplió con su palabra de guiarnos hasta pasar el punto donde se encontraba el retén de Patrulla Fronteriza en Arivaca. Y por temor, no nos atrevimos a preguntar el porqué. Tal vez nunca tuvo la intención de llevarnos hasta Arivaca. El caso es que él y su compañero nos dejaron abandonados en el monte, a la orilla de un arroyo que corría debajo de uno de los puentes de la carretera. Al menos fue en la carretera, nos encontrábamos fuera de peligro, y contábamos con un teléfono para llamar a nuestra familia.

Nuestros familiares llegaron al lugar en el que habíamos acordado por teléfono y nos dejaron un carro. Manejamos a Nogales, Arizona y nos registramos en un hotel para descansar. Tan solo estuvimos en el hotel por mas o menos una hora, cuando llegaron otros familiares a recogernos. La hermana de un cuñado se había enterado de nuestra llegada, por lo cual nos ofreció alojamiento y alimento. Permanecimos en casa de esta familia durante dos semanas en espera de encontrar una manera de atravesar el retén para llegar a Tucson. Recuerdo que en aquel tiempo, cuando iba a llover en Nogales, la Patrulla Fronteriza solía remover el retén localizado entre Nogales y Tucson. Uno podía entonces, pasar fácilmente en carro para Tucson. Yo mantenía mi troque listo dado el caso que esto sucediera una vez que lloviera. Afortunadamente, no habían pasado las dos semanas cuando en un 25 de noviembre, el retén fue clausurado debido a la lluvia. Ese día por fin, logramos pasar por Arivaca, y llegamos a Tucson... en forma ilegal.

Pasaron varios años, y todo volvió a la normalidad. Me era posible conducir en Tucson. Pagué unas multas de tráfico que debía, y fui capaz de conducir alrededor de la ciudad sin problema. Hubo ocasiones en que la policía de tránsito me hizo detenerme, pero nunca tuve problema alguno. Podía mostrar mi licencia y mi prueba de seguro. Después de haber sido deportado, podía yo de nuevo moverme libremente dentro de este país. Esta es la primera vez que crucé ilegalmente a los EE.UU. Fue la estancia más larga que tuve aquí.

Travesía

Y ahora, queridos amigos, voy a contarles acerca de un segundo y triste capítulo en mi vida. Este comenzó un día viernes 7 de junio en el 2013, un día normal como cualquier otro. Salí de mi casa para ir a trabajar en un proyecto de cemento residencial. De allí tenía yo que ir a otro lugar de trabajo, pero recibí llamada para ir a ayudar a entregar algunos materiales de construcción, y me fui en esa dirección. Como no se pudo obtener el materia, volvimos a casa y pasamos algún tiempo trabajando en un aparato herramienta que iba yo a utilizar para mi próximo trabajo. Salí de mi casa entre mediodía y la un de la tarde. A punto de cruzar en mi carro por la calle Royal Palm Street por mi vecindad, me di cuenta que no había hecho una parada completa hasta justo después de la señal de alto'. Esto sucedió al mismo tiempo que pasaba a mi lado una patrulla de sheriff, que al parecer se dio cuenta de esto al pasarme. Procedió a maniobrar hacia el lado de la calle para detenerme una vez que me encontrara yo en frente de su patrulla. Después de detenerme, me dio la razón por hacerlo, y yo estuve de acuerdo con él. Pidió ver algún tipo de identificación, mi licencia de conducir, y la documentación del vehículo de conducir. Le mostré la prueba del seguro y el registro del vehículo. Lo que no llevaba conmigo en ese momento era mi licencia de conducir. Recordé entonces que había andando conduciendo el carro de mi esposa y olvidé mi cartera en el asiento del carro. Supongo que fue por el hecho de no llevar yo conmigo forma de identificación alguna, pero el caso es que el oficial hizo contacto con la Oficina de Inmigración. Me detuvo allí hasta que llegaron los agentes de inmigración para llevarme. Para entonces, el también le había dado aviso a mi familia. Mi familia llegó a donde estábamos para retirar mis herramientas de trabajo de mi troque, ya que lo iban a confiscar. Y a mí...a mí me llevaron al centro de detención. Mi esposa me aconsejó no firmar la documentación para la deportación. Ella había asignado a un abogado para ver la posibilidad de legalización por medio de mi hija, que es ciudadana. Esa misma tarde, cuando me pidieron firmar los papeles de deportación, me negué a hacerlo. Dije que quería ver a un juez, y que quería defender mi caso. Que creía ser capaz de permanecer aquí debido al estatus de mi hija. Le pedí ayuda al consulado mexicano para seguir mi estancia en el país hasta poder ver a un juez. Sin embargo, el consulado me informó que no podía hacer nada por mí. Por tratarse de un caso de inmigración, no tenía yo derecho a luchar por nada. Y, a pesar de haberme negado a firmar los papeles de deportación, esa misma tarde me encontraba adentro de un autobús con destino a la frontera de ciudad Acuña por el área del estado de Coahuila, México. El viaje para ser deportado duró dos días. Llegamos a Acuña ese domingo.

El viaje en autobús a Acuña fue una situación muy triste. En este autobús que transportaba a otros pasajeros indocumentados, se proporcionó muy poco alimento. Además, durante el último día de nuestro viaje, pasamos más de doce horas sin agua. A medida que nos acercábamos a la ciudad de Acuña, estábamos tan sedientos, que tuvimos que empezar todos a gritar para que se nos diera agua. Pero lo que es peor, es lo que sucedió antes de llegar. Hubo un punto durante el viaje en el cual el conductor del autobús, prendió el calentón. El calor era demasiado en una sección del autobús. El conductor se negó a escuchar las súplicas de los jóvenes que venían quemándose por el aire caliente que salía de las rejillas de ventilación. Era una situación triste.

Las leyes en este país son muy estrictas. Creo que esto se hace para que nos desanime a intentar cruzar la frontera, o de hacer cosas indebidas en este país. Debemos respetar la ley y aceptar las consecuencias por las malas acciones.

Así pues, llegamos a Acuña ese domingo por la tarde después de un largo camino. Yo me quedé en esta ciudad por unas horas. Afortunadamente, se me había pagado por aquel primer trabajo antes de todo esto, y con ese dinero fui capaz de pagar por un autobús de regreso a Nogales. Transcurrieron tres días más de viaje antes de llegar a Nogales. Yo, no había estado en Nogales en los últimos cinco años. A decir verdad, no deseaba que las cosas resultaran de esta manera. Pero por otro lado, yo anhelaba ver a mi familia a quien no había visto en mucho tiempo. En ese sentido me trajo gran alegría el poder volver a verlos; empezando por mi hermano que había trabajado a mi lado durante mucho tiempo. Di gracias a Dios por haberme permitido visitar y compartir este tiempo con todos ellos. Y una vez más volví a la espera de una oportunidad de regresar a los EE.UU. Mi esposa y mis hijas estaban en el proceso de inmigración, lo que les permitió permanecer en el país. Para mí, era muy difícil saber que mi esposa estaba sola. Trabajaba para tratar de cubrir todos los gastos, pero lo que estaba ganando no era suficiente. Con el trabajo que tenía, había muy poco para la semana. Tenía yo que encontrar una manera de regresar de la forma como lo hice la última vez. Yo sabía que iba a ser aún más difícil, pero tenía que intentarlo. Y lo hice. Permanecí en Nogales por algún tiempo, y me dediqué a buscar a personas que pudieran llevarme a cruzar. Esto, ere muy difícil durante este tiempo. Toda la frontera estaba ocupada por la mafia, que no permitía que los indocumentados o "pollos" atravesaran e interfirieran con su trabajo. Era muy duro el tratar de conseguir a alguien.

Había varias personas dispuestas, pero que cobraban 3,000 dólares para guiarme de Nogales a Tucson. Me pareció que el precio era muy alto, y me negué a aceptar estas ofertas. Tenía que buscar una manera más fácil y menos costosa. Por fin despues de algún tiempo, conocí a alguien que se ofreció a cruzarme. Entre él y alguien más, me cobrarían mil dólares. Dijo que ellos conocían el camino y que era seguro. Me dijeron que podía confiar en ellos. Estuve de acuerdo en hacer un trato con ellos, ya que también estaban cruzando a los EE.UU. para permanecer allí y obtener trabajo. Me aseguraron que habían estado haciendo esto por mucho tiempo y que no me preocupara.

    Este segundo intento de cruzar fue el martes 9 de julio del 2013 por la mañana. Partimos los tres hacia la frontera, pero esta vez fue por otra ruta. Decidimos no irnos por todo el camino, sino en vez cruzar a través de otro camino llamado Las Mariposas. Tuvimos que caminar por casi seis horas para llegar cerca de la frontera. Recuerdo que al haber llegado cerca del lugar por donde íbamos a cruzar, nos encontramos con dos personas que venían bajando la colina. Nos dijeron que allá arriba, había "pollos" detenidos ya que la mafia no les permitía cruzar. Dijeron que si nos dirigimos por ese lado, también nos detendrían. Así pues, decidimos cruzar por terreno más bajo por donde no seríamos descubiertos. Los guías me habían dicho que no habría ningún problema con la mafia, pero una vez mas había sido engañado al confiar cuando me dijeron que conocían a gente allí. Nadie puede cruzar sin permiso de la mafia. Quien quiera cruzar, tiene primero que pagar, para que ellos le den una clave que va a ser dada para poder cruzar la línea y que se les deje atravesar por donde están ellos. Quienes no tengan la clave cuando se les pida, son atados, son apaleados, o hasta se les llega a matar. Este fue otro de los riesgos por los que pasaba al ir con estos guías. Afortunadamente en ese día, aunque vimos actividad de la mafia en a la orilla de la colina y la frontera, no nos vieron. Permanecimos en la orilla de esa colina esperando que bajara el sol para poder cruzar la frontera. Al anochecer, cruzamos la frontera por la parte alta de las montañas. Caminamos por gran parte de la noche, hasta que tuvimos que hacer una parada y buscar donde quedarnos. Había ya empezado a llover y venía una tormenta fuerte.

Ya empezábamos a mojarnos. En nuestras mochilas, traíamos bolsas de plástico para protegernos del agua, pero para cuando empezamos a sacar todo, ya había empezado el torrente y estábamos en una montaña algo empinada. Nos deslizamos adentro de nuestras bolsas de plástico, aunque la mayor parte de nuestros cuerpos ya estaban mojados. Pasamos la noche allí mientras caía la fuerte lluvia. Recuerdo como estábamos adentro de nuestras bolsas sin podernos mover. Nos despertamos completamente empapados, y las bolsas rasgadas por las ramas y las rocas. Recuerdo también, que había dejado de llover al momento en que salió el sol. Todo mi cuerpo se sentía entumecido. Apenas podía moverme porque había permanecido en la misma posición durante toda la noche. Empezamos a caminar de nuevo. Nos sentíamos tan pesados al caminar en nuestra ropa mojada; y cargando nuestras mochilas también ya mojadas. Caminamos durante la mayor parte del día, y llegamos a otro lugar para descansar alrededor de las tres de la tarde. Las nubes empezaron a aparecer mientras nos preparábamos a descansar. Sólo que esta vez, tuvimos tiempo suficiente para cubrirnos bien con las bolsas de plástico. Ya nos habíamos secado al caminar bajo el sol todo ese tiempo. También tuvimos tiempo para comer algo. Estábamos bien preparados para cuando empezó a llover otra vez y no nos mojamos tanto.

Descansamos de nuestra caminata ese segundo día. Habíamos caminado un día en el lado mexicano y otro del lado de EE.UU.. Antes de haber llegado la lluvia, habíamos estado observando cómo los agentes de la Patrulla Fronteriza vigilaban la zona mientras paseaban en sus motocicletas. Paseaban muy cerca de nosotros en la colina donde estábamos. Al caer la noche, empezamos nuestra tercera caminata. Es así como avanzábamos. Caminando toda la noche y durante parte del día, para descansar bien el resto del día. Recuerdo haberme sentido fuerte en aquel entonces. Comía bien y también descansaba. Tomaba mucha agua ya que había bastante alrededor del desierto al lado de la montaña. Uno de los guías era muy conocedor de la carretera que atravesaba la montaña. El otro no sabía mucho acerca de la montaña, pero conocía la forma de llegar a Tucson siguiendo la vía del ferrocarril. Seguimos haciendo esto durante cuatro días sin ningún atraso. Podíamos nosotros ver a los agentes de vigilancia de la Patrulla Fronteriza, pero ellos no nos podían ver. Y es así como fuimos capaces de llegar a la ciudad de Rio Rico el viernes por la tarde. Descansamos durante todo ese día cerca de la carretera sin problema. Empezamos a caminar por las vías del tren esa noche. Avanzamos cerca de 20 kilómetros. Nos acercamos a lo que creo que era la ciudad de Tubac, justo antes del retén de la Patrulla Fronteriza. Recuerdo que nos detuvimos porque vimos un vehículo de la Patrulla Fronteriza cruzar las vías. Creo que los guías se dieron cuenta que habíamos empezado a cruzar las aéreas mas vigiladas. Y como estábamos caminando de noche, no pudimos ver si había cámaras que nos habían localizado. Puede que de ser así, nos hayan empezado a buscar por las vías del ferrocarril. Esa noche, nos escondimos a un lado del río. Una vez más, creo que era en Tubac pero no estoy muy seguro. Este era el lugar donde pasamos la noche.

Al día siguiente, empezamos a caminar por el lado de la montaña hacia el lado este, para poder alejarnos de la zona en donde vimos a agentes de la Patrulla Fronteriza. Caminamos todo el día y llegamos a un lugar donde descansamos por un largo rato. Esa tarde, empezamos otra vez a caminar al lado de la carretera. Ya era sábado 13 de julio. Recuerdo haber mirando hacia lo que parecía el punto de revisión y haber sentido un enorme alivio al haberlo pasado. Mas no sabíamos si en realidad era ese el punto de revisión. De nuevo otra mentira por parte de esta guía el cual me aseguró que tenía gran experiencia en el cruce. No sabía nada sobre este punto de revisión. Habían pasado años desde la última vez había cruzado. Yo les había dicho que me pareció muy extraño que nos habíamos ido hasta ahora a través de la montaña, y había sido tan cuidadoso en esquivar a la vigilancia, tan sólo para venir a caminar tan cerca de donde estaba estacionado el retén de la Patrulla Fronteriza. Yo les decía que nos estábamos metiendo en la boca del lobo al hacer esto. A mí hasta casi me parecía, como si se tratara de querer burlarse de la vigilancia al pasarles tan cerca. Me di cuenta que el guía realmente no sabía lo difícil que era pasar por allí en ese tiempo. Resultó que habían pasado ya diez años sin que el cruzara esta área. Me engañó al decirme que el sabia todo lo que había por saber, y que no habría problemas. Pero para entonces ya era muy tarde. Mi suerte estaba en sus manos. Les pagaría por llevarme. Ya una vez cerca de la carretera, les pedí seguir que siguiéramos caminando de día. Uno de ellos contestó, "Sigue caminando por tu cuenta si tu quieres", pero decidí no hacerlo. Mi suerte ya estaba en sus manos. Yo sabía que si fuese capturado por los agentes, de todos modos tendría que pagarles a los guías, ya que ellos no se hacían responsables si me separaba yo de ellos. Ellos eran quienes estaban encargados de traerme, y es así como se les pagaría.

Terminamos por no caminar durante el día. Cuando empezaba a hacerse ya tarde, quisieron salir de nuevo y acercarse a la carretera. Al caer la noche, recuerdo que apenas teníamos comida y agua. Habían pasado ya varios días y nuestros alimentos se estaban acabando. Tampoco podíamos alejarnos mucho hacia el monte porque si nos quedamos sin comida, las cosas serían más difíciles. Recuerdo haberles dicho, "Vamos acercándonos a la carretera y de allí hablamos para que vengan por nosotros", a lo cual estuvieron de acuerdo. Ya nos acercábamos a la carretera, pero era muy difícil poder caminar por estas áreas sin ser visto. Los agentes de la Patrulla Fronteriza podrían vernos, pero nosotros no podríamos verlos a ellos. Recuerdo haber llegado a la orilla de la carretera y haberles dicho a mis acompañantes que no debíamos pasar por allí, y que mejor cruzáramos más adelante. Me quedé parado en cierto lugar como en desacuerdo, pero ellos siguieron caminando. Como yo no podía ver muy bien en la oscuridad, tuve que seguirlos. Llegamos a brincar unos cercos. Creo yo que íbamos también brincando sobre unos sensores que nos detectaron. Es así como la vigilancia fronteriza se dio cuenta de que estábamos cerca.

En la oscuridad, sólo podíamos ver las luces de carro cada vez más cerca de la carretera. Podíamos ver cómo una Patrulla Fronteriza pasaba lentamente y después se regresaba. Más abajo, ya nos esperaban algunos de los agentes mientras nosotros veíamos hacia la carretera desde donde nos escondíamos. De repente, vi a varios oficiales pararse detrás de mis dos compañeros y atraparlos. Estaban tan cerca! Recuerdo que me las arreglé para seguir corriendo aún con mi mochila todavía atada en mi espalda. El lugar por el que corría, estaba lleno de chollas y espinas. Debo haber corrido por uno o dos minutos. Sé que me le perdí al oficial, pero tenían toda la zona rodeada. Siguieron buscando con sus luces como me escondí debajo de un árbol. No tardaron mucho en atraparnos a todos.

A partir de ahí, el proceso comenzó de nuevo. Nos llevaron a Nogales, Arizona. Nos transportaron a Tucson y después nos llevaron al tribunal. Esta vez, fui condenado a 60 días en la cárcel de Santa Cruz en Nogales, Arizona. Aquí es donde empecé a pagar por mi delito. El de tratar de cruzar ilegalmente a los EE.UU. Sabía que había cometido un error, y los errores siempre deben ser pagados, y esta vez se trataba de una sentencia de sesenta días en la cárcel. Este fue uno de esos momentos en que los planes de Dios son como Él quiere que sean. Se tienen que cumplir y realizar como tal, y cuando uno acepta esto, todo se vuelve más fácil. Esos sesenta días en Santa Cruz fueron de mucha bendición para mí.

Esta estancia me ayudó a reflexionar sobre todo lo que estaba haciendo con mi vida, mi familia, mis hijos, y la manera en que yo estaba llevando mi vida. Todos los detalles sobre todo lo que estaba fallando en mi vida empezaron a correr por mi mente. Este fue un tiempo de gran reflexión y la aceptación de mi error. Yo iba a respetar la ley. La posibilidad de vivir en los EE.UU. y ayudar a mi familia es todo lo que había deseado. Esto fue difícil, pero gracias a Dios y le doy gracias a mi familia y a mis amigos por su apoyo. Agradezco a todas las personas que he llegado a conocer aquí en Tucson, en Nogales, en mi comunidad de Santa Margarita, y la Iglesia. Todos ellos han hecho que esto sea más fácil. Ellos me han ayudado a lo largo de todo este tiempo. Doy gracias a mi jefe que siempre ha estado ahí para proporcionar apoyo a través de todo. A ellos les doy muchas gracias. En verdad ha sido un tiempo de cambio en mi vida. Este fue el resultado de mi segundo intento de estar en los EE.UU. Sé que hay muchos detalles que faltan. La historia sería demasiado largo, pero al final, hubo un intento más el que hice. Y a Nogales me fui de regreso con mi familia después de mi encarcelamiento en Santa Cruz, para averiguar una vez más qué hacer.

Estaba de nuevo en busca de alguien más para llevarme a los EE.UU. Esta vez, yo sabía que tenía que hacerlo a través de un área más difícil, por un lugar en el que no nos fueran a descubrir. Mentalmente, había estado yo preparándome para esto. Sabía que iba a ser difícil, pero no tan difícil como resultó serlo. Durante mi búsqueda en Nogales por alguien que me ayudara, vino a mí una persona para decirme que uno de sus hermanos me podía cruzar por Santa Cruz. Que el cruzaba droga, y que él conocía el camino. Estuve de acuerdo en que él lo hiciera por el precio de 1,500 dólares. Le pregunté a esta persona si tenía permiso de la mafia. Él dijo que no habría ningún problema, que él conocía a la gente allí, y que no me preocupara. Hicimos el trato. El, era el hermano de el esposo de una de mis hermanas, pero ni mi familia ni yo lo habíamos conocido. Llegamos a buscar a esta persona el sábado 21 de septiembre a Santa Cruz alrededor de las 8:30 de la noche. Lo encontramos en el lugar que acordamos. Conmigo iban mi papá, mi mamá, mis dos hermanas y el hermano de esta persona que me iba a guiar. Una vez dentro de su casa, el guía nos dijo que primero necesitaba dinero porque su carro había sido confiscado por la policía local. Le entregué 200 dólares en pesos. Mi familia se quedó en su casa mientras él, su hermano, y yo, fuimos a la comisaría a recoger su carro con este dinero, pero ya era tarde y la comisaría ya estaba cerrada. Nos llevó entonces a ver a uno de sus amigos para encargarle que sacara su carro.

Dejó el dinero allí, nos llevó a una tienda, y después a otro lugar. Ya teníamos todos nuestros alimentos que llevaríamos, pero el necesitaba dinero para comprar sus propias cosas. Más tarde me dijo que lo que fuimos a recoger en la tienda y ese otro lugar era drogas para él. Una vez que consiguió todo lo que necesitaba, nos regresamos a su casa en donde nos esperaba mi familia. Allí nos prepararíamos para irnos al monte y empezar la caminata. Una vez más, le pregunté a este hombre sí habría problemas con la mafia y él dijo: "La mafia ni siquiera se enterará de esto. Vamos a hacer esto sin que ellos lo sepan". Yo nunca he sentido miedo en ese sentido, pero yo sabía que esto es algo que no se debe hacer. Tuve que aceptar que tenía que correr ese riesgo.

    Cuando estuvimos listos, fue mi propio padre en su carro quien nos acercó a la carretera donde estaríamos cerca de la frontera por Santa Cruz. Nos despedimos de nuestra familia. Recuerdo haber olvidado una galón grande de agua, y sólo teníamos botellas chiquitas similares a Gatorade. El guía dijo: "Con esto la hacemos. Sé dónde hay agua". A mí me parecía muy poquito. La primera vez que había intentado cruzar, cada quien llevaba dos galones. Aunque había estado lloviendo mucho y no se necesitaba mucha agua, yo había tomado bastante agua. También había comido y descansado muy bien. Supongo que pensé que esta vez sería algo parecido. De cualquier manera, todo llegó a un buen comienzo. Una vez que nos fueron a dejar, empezamos a caminar como a las diez de la noche. Tuvimos que caminar casi una hora para llegar al punto en el que cruzaríamos la frontera por Santa Cruz. Una vez allí, buscamos el lugar donde estaba una cerca baja que podíamos saltar fácilmente. Después de estar vigilando por un tiempo allí, salimos y brincamos por la cerca fronteriza. Avanzamos uno o dos kilómetros dentro de los EE.UU. Recuerdo que en una sección, empezamos a ver algunas luces que venían de una zona en donde había vigilancia. Nos detuvimos. El guía sabía muy bien lo que estaba haciendo, y él conocía bien el camino. Siguió guiándonos alrededor de estas luces hasta dejarlas atrás de nosotros. Caminamos unas dos o tres horas por una parte con terreno muy parejo. El pasto estaba mojado porque había llovido todo el día, nuestros zapatos y piernas se habían mojado. Caminamos mucho esa noche. Recuerdo habernos detenido al ver un helicóptero, y la luz proyectora en una parte del cerro. El guía me dijo que teníamos que volver porque nos habían visto. Debemos haber corrido alrededor de un kilómetro. Realmente no recuerdo. Cuando uno corre, parece sentirse que ha corrido bastante aunque sea poco. Nos detuvimos a descansar para saber si nos habían visto. Mi guía me dijo que si nos habían visto, seguramente llegarían poco después. Tendrían perros de búsqueda que olerían las huellas, seguirían el rastro, y nos sacarían del mismo lugar en donde nos escondíamos.

No pasó nada esa noche. Descansamos allí durante dos o tres horas. No recuerdo exactamente. Al amanecer el domingo empezamos a caminar por el borde de la montaña. No era ni demasiado alta ni demasiado baja. Caminamos a través de muchas áreas planas, y hasta también por otras partes que tomaban tiempo para avanzar. Subimos y bajamos alrededor de cuatro veces.. Recuerdo haber caminado de seis a siete de la mañana. Si parábamos, era un descanso corto de cinco o diez minutos antes de seguir.

Descansamos en una montaña desde las diez de la mañana hasta las dos de la tarde antes de salir de nuevo. Recuerdo haber podido ver de una parte alta, todo el valle de Santa Cruz en donde había casas y ranchos en el lado estadounidense. Subimos unas montañas empinadas. Eran ya casi las cuatro de la tarde cuando pasamos por un lugar en donde había cámaras de vigilancia en algunos de los árboles. Para cuando nos dimos cuenta, ya era demasiado tarde. Pasamos justo en frente de ellas y detectaron nuestra presencia. Desde la montaña, pudimos ver todo el movimiento de la vigilancia que haba abajo mientras pasaban los vehículos a lo lejos. Estuvimos viendo todo lo que sucedía. Mi guía estaba muy alerta y sabía lo que estaba haciendo. Pero, no creo que él sabía mucho acerca de esas cámaras. Después de toda esa vigilancia, él nos hizo detenernos en un monte que no estaba muy lejos por delante para descansar. El se preparó algo de comer, y yo descansé.

Recuerdo que por el lugar donde habíamos pasado delante de las cámaras, había visto a dos personas. Eran dos agentes con camisas blancas. Mi guía dijo que no los vio, pero que si los oyó. Dijo que habían subían por la montaña a caballo. Yo no podía entender cómo llegaron ni de dónde, porque estábamos en un terreno difícil. Llegaron rápido porque no habíamos estado descansando allí ni siquiera una hora. Las cámaras les habían advertido de nuestro paradero. Empezamos a correr por la montaña. Nos escondimos y nos quedamos allí esperando. Pudimos ver los carros de la Patrulla Fronteriza con remolques de caballos que empezaban a rodear la montaña. Vimos cómo daban vueltas cerca de donde estábamos, pero nos quedamos en nuestro lugar. Después, empezamos a caminar por el cerro por una parte en la que tuvimos que cruzar una brecha amplia. Era el camino por el que pasaron. Desde el cerro pudimos ver un lago en el cual tuvimos que parar ya se nos había acabado el agua. Caminamos hasta llegar al otro lado de la carretera y hacia el lago. En realidad no parece que notaron nuestra presencia desde donde habíamos escondido antes, porque no había nadie alrededor para detenernos. Aún podíamos ver las patrullas a lo lejos, pero el camino que tomamos estaba desocupado. Llegamos al lago, llenamos nuestras botellitas con agua, y empezando a caminar de regreso a la montaña. Recuerdo haber estado muy cansado cuando había bajado el sol ya habíamos caminado por las montañas todo ese día domingo, y todavía seguíamos caminando. Me detuve a descansar un poco antes de llegar a la punta. Nuestros planes para descansar antes, se vinieron abajo después de ser detectado por las cámaras. Gracias a Dios, ahora ya podíamos descansar y comer. Dormimos allí hasta el lunes, cuando empezamos a caminar de nuevo antes de que saliera el sol.

FOTOGRAFIAS

Mario completando el acabado en una vía de acceso de una colonia de lujo en el norte de Tucson

Los peligros de la travesía. Cuerpo hallado en el suroeste de Tucson. Fallecimiento a causa del excesivo calor. Al parecer, la víctima utilizó su suéter para protegerse del sol pero esto fue en vano.

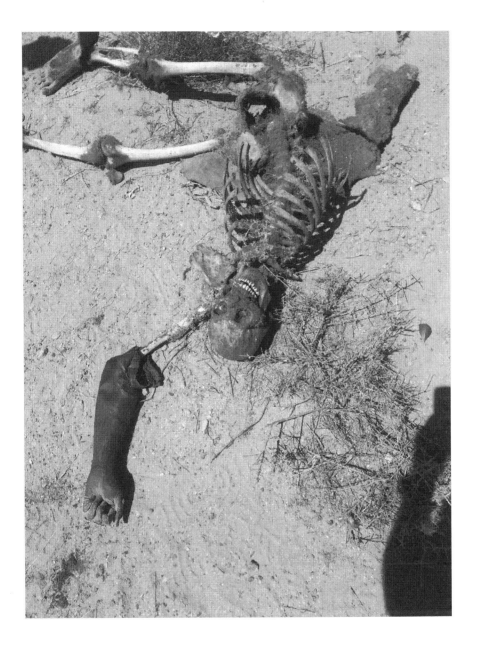

Otro cuerpo descubierto en el desierto del sur de Arizona. Una tragedia más al haber cruzado la frontera en el intenso calor del verano.

Buenos Aires Ranch suroeste de Tucson es otra área popular para el cruce de fronteras y el tráfico ilícito de drogas. Durante un viaje de casería con arco, mi hijo y yo tropezamos con 400 libras de marihuana (vista apilada detrás de nosotros al lado de un helicóptero *Black Hawk* de la Patrulla Fronteriza).

Paciencia!

Por la mañana del lunes 23 de septiembre, comenzó otro día de caminata. Yo había descansado la noche anterior, y mis piernas se sentían fuertes y listos para continuar el largo viaje. Esa misma mañana, el guía me dijo que tuviera un buen desayuno. Dijo que estaríamos caminando durante la mayor parte del día, y teníamos que avanzar mucho. Yo tenía muy buen apetito en aquel tiempo y podía comer bastante. Desayunamos y empezamos después a caminar por la montaña. Él había estado vigilando de cerca toda la actividad de la Patrulla Fronteriza que ocurría en la base de la montaña. Era esta el área hacia donde nos dirigíamos. Durante ese día tomamos cuatro descansos. El primer descanso fue planeado para poder observar las actividades de vigilancia en esa área, y en el momento no parecía haber mucha. Recuerdo que mientras caminábamos, había una pequeño tramo en donde caminé por un lado para evitar pasar por unos arbustos. Al momento de hacerlo, terminé pisando ya sea justo al lado de una víbora de cascabel, o a lo mejor a la misma víbora en sí. Lo único que sé, es que escuché el fuerte ruido de su cascabel. El guía se dio la vuelta para ver lo que estaba sucediendo. Tomó una piedra mientras decía: "Tú tienes que caminar donde yo paso! Presta atención. No tomes otros caminos. Sigue mis pasos. No debemos dejar huellas. Tenemos que vigilar todo. No hagas ruido al caminar ", y así sucesivamente. Él estaba muy consciente de estas cosas al principio. El cuidar de no dejar huellas y revisar que yo pisara por donde el pasaba. Me regañaba cuando pensaba que no estaba siendo cuidadoso a pesar de realmente yo tomaba mucha precaución. Le lanzó la piedra a la víbora, fallando en golpearla antes de que se deslizarse entre los arbustos. Llegamos al primera lugar de descanso, desde donde el guía podría inspeccionar el área. Todo parecía tranquilo. Habíamos llegado allí a través de otra montaña. Después, llegamos a un lugar de elevación más baja, desde donde podíamos ver que había vigilancia. Descansamos allí mientras observábamos. Aprovechamos la segunda parada para comer. Esta, ya nuestra tercera parada no fue planeada, pero tuvimos que debido a la vigilancia que había abajo. De lo contrario no nos hubiéramos detenido. Rodeamos otra montaña con el fin de pasar por el área de vigilancia, y así pudimos seguir caminando sin ningún problema. Llegamos a nuestra cuarta parada de descanso al caer la noche, antes de cruzar la carretera que conduce a Sonoita, AZ. Recuerdo que no teníamos suficiente agua. Había un tractor estacionado al lado de la carretera. El guía dijo: "Voy a ir a ver si hay agua allí en el tractor para agarrarla", y me dejó descansando allí. Allí nos estuvimos cerca de algunos ranchos. Estábamos esperando que llegara la noche para que pudiéramos empezar a caminar otra vez. "Antes de empezar, come bastante," dijo, "porque vamos a estar caminando toda la noche". Recuerdo haber comido bien esa tarde. Probablemente fue la última vez que lo hice. Me sentía repuesto después de las cuatro paradas de descanso, y mis piernas no se sentía tan débiles.

Al atardecer iniciamos otra caminata. "Aliviánate", me dijo. "Tenemos que ir muy lejos, porque esta parte es de mucho peligro. Así que dale mas recio ". El camino era muy empinado, aunque no era montañoso ni rocoso, pero si muy elevado. Lo que sí sé es que íbamos de subida, y que duramos mucho tiempo caminando en esa dirección. No quería él detenerse. Yo, por otro lado, me sentía muy cansado. Recuerdo que él me ayudó con mi mochila, y así podía caminar más rápido a medida que caminábamos hacia la tierra más pronunciada. "Por favor ... por favor, vamos a descansar", yo le decía al irme cansando. Él se negaba, diciendo que había que subir a un terreno más alto, por el peligro que había en esta área. Siguió mientras yo lo alcanzaba. Empecé a detenerme cada vez más, hasta al punto de dejarme caer en el suelo. Él me miraba, y comenzaría a gritar: "¡Aliviánate! Tenemos que llegar a otra parte en donde no haya peligro! "Me sentí muy cansado de tanta cuesta. Él casi tuvo que detenerse porque podía ver que apenas podía yo caminar.

— "Órale pues... descansa y ponte a comer, porque vamos a seguir pronto. No vamos a descansar mucho aquí en este lugar", dijo.

— "Pero, ¿cómo se supone que voy a comer si no tengo hambre? Estoy fatigado. Tengo que agarrar aire. Necesito descansar un poco antes de comer "-le dije-.

— "No te hagas pendejo! Empieza a comer y aliviánate porque no vamos a durar mucho aquí".

— "Pues necesito descansar primero para poder comer. Si no descanso y agarro aire no puedo pasar la comida".

— "Pues yo no sé cómo le vas a hacer pero tienes que agarrar fuerza porque no vamos a durar mucho. Tenemos que caminar".

Yo no comí esa noche. Recuerdo solamente querer descansar. Esa última montaña estaba muy empinada. Todavía no había amanecido cuando me despertó. "Órale pues... aliviánate!"- el gritaba. Poco a poco me levanté y empecé a caminar de nuevo. Seguimos en movimiento mucho antes de la salida del sol. Empecé a cansarme más y más por haber caminado parte de la noche y parte de la mañana. Mis pasos se hicieron más lentos, y en las subidas, todavía más lentos. El guía estaba empezando a ponerse furioso, gritando. "Aliviánate! Todavía queda mucha montaña y si sigues así, no la vas a hacer. Te vas a quedar tirado, así que aliviánate. Por eso te dije que comieras...que te alivianaras!"

Ese martes, recuerdo haber bajado por una montaña muy empinada. Él ya estaba muy enojado porque bajábamos a paso muy lento. En algún momento, levantó una roca. Me tiró la piedra, y terminó golpeándome en los testículos con ella; donde dolía mucho. La roca era bastante grande. Era del tamaño de mi puño. Estaba a unos 60 metros de distancia, más o menos. Cuando vio que me había dado con la piedra, subió hasta donde estaba. El dolor que sentí en ese momento me hizo caer de rodillas. estaba muy enojado y me dijo "Porque no te alivianas pues!, si sigues así no vas a llegar. Te vas a morir en el camino. Todavía falta mucha montaña". Yo le contesté, "Si me sigues tratando así, menos vamos a llegar".

Poco a poco, me recuperé del dolor. Empezamos de nuevo a bajar. Este acto de violencia marcó el comienzo de una batalla. Esta batalla, de la cual yo no sabía, se volvería más difícil, y más dura. A medida que pasaba el tiempo, yo cubría menos camino, y más era el enojo del guía. Al final del día martes, llegamos al lugar donde él quería estar. Se acercaba la puesta del sol y él dijo descansaríamos un poco. "Ponte a comer y duerme porque otra vez vamos a caminar de noche. Vamos a bajar esta montaña, así que aliviánate...haz lo que tengas que hacer y ponte trucha porque aquí ya empieza más vigilancia también...así que descansa y vamos a bajar esta montaña ahorita en la noche".

No sé qué fue lo que le hizo cambiar de opinión, pero fue algo muy bueno el que no bajáramos por esa parte de la montaña esa noche. Al anochecer, se dio cuenta que había mucha actividad de vigilancia abajo. Podíamos ver las luces de todos los carros. Vimos varios patrullas y vehículos de los que pasan por los senderos. Y esto podría haber sido la razón por la que no quiso ir esa noche. Dijo: "Vamos a tener que descansar aquí, y pasar alrededor de esa otra montaña. Ese es el la última ". Recuerdo que vio el un avión volando cerca mientras yo dormía y descansaba. Digo la palabra 'dormido', pero uno no es realmente capaz de dormir en esas condiciones. Sólo descansa el cuerpo; que es la parte física. Hay muchos animalitos que no dejan dormir. Muchos mosquitos, muchos insectos, y uno tiene que tener cuidado. Se puede descansar pero no dormir bien.

Desde donde estábamos en la montaña, ya podíamos ver las luces de la ciudad Tucson, así como las de los pequeños pueblos a lo largo de la Interestatal 19. Una vez que había visto el avión, nos mudamos más arriba de nuestro primer lugar de descanso. Dijo que estos aviones son capaces de detectar el movimiento desde distancias muy largas, y que podíamos ser vistos. Afortunadamente, este no resultó ser el caso. La noche estuvo tranquila. Al amanecer del cuarto día, que era miércoles, recuerdo ya no haber sentido hambre. La comida empezaba a darme asco. Sentía ganas de vomitar cada vez que intentaba comer algo, o simplemente con sólo oler cualquier alimento. También era difícil de tragar. Yo sólo podía tomar agua. El guía se enojaba mucho. Me decía "Ya vas a empezar a hacerte pendejo. Come! No le hagas al loco. Aunque no tengas hambre come. Aunque no puedas. No vas a llegar. Te vas a morir. Vas a quedar tirado". Todavía nopodía comer. Yo sólo tomaba agua e hasta el agua me era difícil de poder tragar.

Mi última comida había sido el día anterior y muy a fuerzas. Comí una poco de cereal Maizoro con leche. No fue demasiado. Llevábamos leche de polvo que se mezclaba con agua. Nos estábamos quedando sin agua por hacer leche. Recuerdo que cada vez que se nos iba a acabar el agua, de alguna manera llegábamos a un lugar donde él sabía la había.. Él conocía los caminos bien, y los lugares donde podía encontrarla. Había pequeños arroyos que corren a través de las montañas y había agua por los ranchos donde el ganado tomaba.

Recuerdo que la noche que pasamos descansando en la montaña, él ya había comenzado a hablarle a mi familia por teléfono. Habló con mi hermana y con mi esposa, diciéndoles del lugar en dónde quería que nos recogieran esa misma noche del miércoles, pero todavía estábamos muy lejos. Le dije que no les llamara hasta estar más cerca. El reaccionó, diciendo: "Tu cállate el pinche hocico, yo sé lo que hago. No te metas. Yo soy el que te estoy llevando. Yo sé cómo voy a hacer las cosas". Para empeorar las cosas, comenzó a decirle a mi familia que yo ya no quería caminar, que yo no quería comer, y que me quería dar por vencido. Les dijo que no iba a llegar, y que me iba a morir. No me puedo imaginar a mi esposa, y mi familia, y la angustia que deben haber sentido con esas palabras que por supuesto eran sólo mentiras. Yo sabía y sentía, que todo lo que necesitaba era un poco más de descanso para mis piernas y sería capaz de seguir adelante. Cada vez que descansamos, tuve la oportunidad de recuperarme, y yo podía caminar por gran distancia. El guía, sin embargo, no quería parar. También sabía que él se había quedado sin droga, y esto le llevaba a enfurecerse más conforme pasaba el tiempo. Recuerdo que cuando hablaba con mi familia por teléfono, y que pedían hablar ellos conmigo para escuchar mi voz, el les mentía diciéndoles que estaba dormido, o que yo no quería hablar. Siguió haciendo las cosas a su manera, y no me dejaba hablar. Todo esto había comenzado el martes por la tarde, que era el tercer día de viaje.

Continuamos durante el cuarto día, rodeando la última montaña mientras subíamos la cuesta. Descansamos como una media hora si acaso. Empezamos a caminar cuesta abajo por largo tiempo cerca de unos ranchos. No había ningún peligro, ni tampoco vigilancia. Después de allí siguieron áreas planas o cuestas hacia abajo. Ya estábamos acercándonos a la carretera que va a Santa Rita, cerca de Tucson. Pensé que el caminar cuesta abajo y en terreno plano no me cansarían mucho, pero me equivoqué. No sólo estaban cansadas mis piernas cansadas, pero me dolían, y se sentían débiles. Una vez empecé a caminar más lento. El guía no quería descansar de otra vez. En esta ocasión, se puso muy furioso.

Su rabia de pronto llegó a ser tanta, que comenzó a golpearme en la cabeza. No sé si eran golpes a manos abiertas o cerradas en puño pero el dolor era horrible. Siguió el maltrato de insultos y golpes. Para entonces, ya no estaba muy consciente, pero podía sentir los golpes a la cabeza. Este hombre quería llegar a la carretera de la mina de Santa Rita a como diera lugar. Quería que se nos recogiera esa misma tarde. Apenas estábamos a miércoles.

Le supliqué: "Por favor, vamos a parar y descansar!"
- "Después ... más adelante"- él respondía.
- "Espera".
- "Tenemos que llegar hoy para que nos recojan."

No quiso escuchar. No tenía yo más fuerza. Me sentía débil. Seguía cayéndome al suelo. Y él, tenía que seguir devolviéndose para levantarme. Recuerdo que empezaba a darme patadas mientras estaba en el suelo para que me levantara. No me quedaban fuerzas, pero no quiso escucharme. También me quitaba el agua para que yo lo siguiera. Me levantaba, y tenía que seguirlo hasta que me regresara el agua. Mi boca se secaba muy rápidamente. Tenía yo que remojar mis labios y mi lengua con la poca agua que quedaba. El quería también llegar a donde podríamos encontrar agua ya que a él se le había acabado mas antes. Yo buscaba las fuerza en Dios, porque sólo Dios me la podía dar. Pero también hubo momentos en los que simplemente no podía continuar. No podía caminar. Me acuerdo en haberme dejado caer al suelo y decirle, "No, no me voy a mover". Le dije, "No me importa si me matas, pero me quedaré aquí hasta que yo descanse y agarrar fuerzas". Estaba rabioso. Empezó a gritarme y a golpearme. Él había cuidado mucho de no hacer ruido durante todo el viaje, insistiendo que nos mantuviéramos callados. Pero en ese momento, pareció haber olvidado, qué tan cerca estábamos de la carretera y de los senderos por donde había vigilancia de la Patrulla Fronteriza. Me gritaba en voz alta, y me golpeaba mientras seguía yo en el suelo. Siguió pateándome en las costillas, en la espalda, en la ingle y en el estómago. Las patadas me dejaba sin aire. En un momento, él lanzó la patada más dura en la zona por debajo de donde termina la espalda. Yo diría que fue por debajo de mi coxis. Otros dirían que estaba justo en el... pero no puedo decirlo. De todos modos, ahí es donde me dio una patada. Este fue el golpe más duro que he recibido hasta ahora. Fue doloroso hasta el punto de haber durado por tres semanas. Ese dolor, me hizo estremecer, y a cada uno de mis huesos vibrar. Fue increíble. Me dio nauseas, y recuerdo que no pude sentarme por algún tiempo. Los zapato que llevaba eran grandes y pesados. Me golpeó con toda su fuerza y toda su ira.

A partir de ahí, todo fue abuso, gritos y golpes en la cabeza. Me jalaba del brazo, y me empujaba a todos lados. Ya parecía él haber enloquecido. Estaba desesperado. Esa tarde, él ya le había dado a mi hermana direcciones para recogernos, pero estábamos todavía muy lejos. Estos eran lugares muy peligrosos como para recoger a alguien. Estaban estrictamente vigilados. De hecho, mi hermana, mi esposa, y mi hija anduvieron rondando cerca de la montaña en busca de nosotros. Más tarde me enteré de que fueron detenidas por la Patrulla Fronteriza e interrogadas. Se les preguntó qué hacían tan lejos. Ellas respondieron que estaban perdidos, pero los agentes sabían que estaban mintiendo. Estaban ellas desesperadas por encontrarnos después de todo lo que él guía les había dicho, y no se detuvieron a ir en busca de nosotros por la montaña. Gracias a Dios no pasó nada. Solamente fueron interrogadas, y se les dejó ir ya que están legalmente autorizadas para estar en el país. Pudieron haber sido investigadas y se les pudo haber acusado de ser "polleras" o algo más. Seguramente parecía fuera de lugar en donde fueron detenidas, pero nada sucedió.

No pudimos llegar al punto donde nos recogerían esa noche del miércoles. Tuvimos que dormir una vez más en el desierto. Ya no estábamos en la montaña. Estábamos cerca de Sahuarita, que es una pequeño poblado cerca de Tucson. Recuerdo que hacía mucho frío esa noche. Ya habíamos dejado nuestras cobijas. Había traído una cobija grande, y mi mamá me había dado dos pequeñas. Aquellos se quedaron atrás también. Me veía temblar de frío. Esa última noche, recuerdo cómo mi ropa estaba llena de espinas. Mis pantalones estaban rasgados desde arriba hasta abajo en la parte delantera. Había espinas por todas mis piernas, mis brazos; y el resto de mi cuerpo. Tenía picaduras de insectos por todas partes que no paraban de dar comezón. Podía sentir como todo esto sólo me debilitaba más y más esa noche. Afortunadamente, había yo traído otro cambio de ropa, y decidió ponérmelo para dormir en el esa noche. Pero aún así, sin las cobijas tuvimos mucho frío. Si no recuerdo mal, también nos quedamos cerca de un arroyo. El guía, todavía muy enojado porque yo no pude seguir, me dejó descansar un poco más esa noche. A la mañana siguiente, sentí que había recuperado mi fuerza. También nos habíamos detenido a un lugar por agua que fuera suficiente hasta llegar el último día. Recuerdo que, el día en el que él comenzó a golpearme, y me dio la patada que me causó ese dolor insoportable, yo llevaba en mi bolsillo un pequeño crucifijo de unos cinco centímetros de tamaño. No sé cómo sucedió esto, pero el crucifijo cayó de mi bolsillo. Cuando terminó de golpeándome, estaba a punto de levantarme para seguir caminando. Se agachó para recoger el crucifijo del suelo y me lo entregó. Ese detalle, aunque fue insignificante para él, para mí fue muy importante. Fue después de eso que este hombre me dejó caminar libremente. Ya no me empujó. Me jaló del brazo un par de veces más, pero estas fueron las últimas. Siento que este es un aspecto muy importante del viaje. Siento que sólo Dios estaba allí para defenderme. En ese momento, pude ver que era esta fuerza, mucho mayor y más poderoso que yo, la que me permitió seguir caminando. También recuerdo que cuando me había estado golpeando, había habido dos ocasiones en las que se había quejado. Se quejó de que su mano le dolía al golpearme. Yo sentía los fuertes golpes en la cabeza, pero sí recuerdo que él se quejó maldiciéndome. "¡Hijo de tu pinche madre! Qué chingados tienes en la cabeza que me duele la mano cuando te golpeo!" Yo creo que algo había allí defendiéndome. Sentí los golpes, pero cuando pienso en eso, me pregunto cómo fue posible que su mano se hiriera de esa manera al golpearme? Sé que tengo la cabeza dura, pero era yo el que estaba recibiendo la paliza, y él quien se quejaba. Tengo la idea de que estaba actuando en nombre de una persona que estaba luchando contra mí. Es algo espiritual. Realmente no puedo hablar con el razonamiento detrás de esto, pero he visto todo lo que me ha pasado desde un punto de vista diferente. Veo que Dios permitió que ocurriera esto, y si es así como sucedieron las cosas, fue debido a la voluntad de Dios. Sin embargo, estoy muy agradecido por la manera en la que me trajo. No guardo resentimiento. Le pido perdón a Dios por todo. Yo sólo quería hacer comprender que Dios es grande, y cuando estamos verdaderamente necesitados y en desesperación, él está allí para ayudarnos.

Jueves, 26 de septiembre, fue el último día del viaje. Al amanecer, estábamos cerca de dos horas de distancia de Sahuarita y habíamos comenzado a caminar a una distancia de alrededor de unos 50 o 60 metros junto a la carretera que se dirige a la mina de Santa Rita. Pudimos ver a la gente en sus camiones que pasaban rumbo a la mina. Nos escondíamos cada vez que escuchamos un carro pasar. Después de aproximadamente una hora de caminata, ya podíamos ver el primer pueblo allí. Sahuarita, supongo. Yo no sé si tiene otro nombre. Recuerdo que cuando vi el letrero con el nombre de la calle, le dije al guía que podríamos darle a mi hermana el lugar para que pudieran recogernos allí. Tenían un teléfono que podía localizar la dirección.

— "No. No estés chingando", respondió. "Vamos a llegar a la orilla de la carretera. Yo sé lo que estoy haciendo. Tú no tienes que decirme nada".

Así que ya no le dije nada. Su temperamento empezaba a estallar tan pronto como decía yo algo. De cualquier manera, me sentía más fuerte esa mañana porque habíamos descansado durante toda la noche. Este había sido el caso desde el principio. Todo lo que había necesitado cada vez era descansar. Y él lo sabía, pero creo que el apuro y la desesperación que sentía era porque se le había acabado la droga, y quería llegar a la ciudad pronto. Pasamos por el primer pueblo, al llegar a la zona donde comienzan nogales. Caminamos a través de tres campos de árboles de nuez, y también por una arboleda de pacanas. Hicimos todo esto sin ningún tipo de peligro. Recuerdo que llegamos a la vía del ferrocarril, y cerca ya cerca a la carretera. Allí es donde nos detuvimos a descansar debajo de un árbol de mezquite. Seguidamente, comenzó el a enviarle textos a mi hermana, quien ya había estado buscándonos por la mañana. Recuerdo que le decía a mi hermana por texto en donde estábamos. Él le dijo que podía encontrarnos al lado de algunas señales de camino, y donde había algunas barricadas amontonados al lado de la carretera. Esta sería la clave para que sepan dónde encontrarnos. Mi pobre hermana, que andaba con mi mamá, recuerda que nos buscaban mientras manejaban por la carretera y veían muchos lugares con señales y barricadas por todas partes. Se preguntaba cómo iba a saber detrás de cuál de estas aéreas estábamos escondidos. Qué árboles ... No podía encontrarnos.

El guía estaba furioso ya que esperamos casi una hora para que nos recogieran, pero con esas pistas, nunca iban a encontrarnos.. Quería decírselo. Quería que fuéramos a localizar la milla exacta en donde estábamos ubicados. Pero él no me dejaba hablar. Me decía una vez: "Yo sé lo que estoy haciendo. Tú no te metas, y cállate el pincha hocico! "Yo no podía decir nada, porque él iba a hacer las cosas a su manera y él creía que estaba haciendo todo bien. Comenzó a maldecirlas. "Viejas pendejas! No nos van a encontrar. Ya el teléfono esta valiendo madre. Ya se le acabó el saldo. Ya no voy a poder mandar textos. Ya no dieron con nosotros. Voy a entregarme ", dijo. "Voy a entregarme y eso es todo". "¡Ya no dieron con nosotros! Ya no le queda carga a la batería del teléfono. Me voy a entregar. Estas viejas pendejas no saben ni donde fregados andan! "Finalmente me dejó hablar. Yo le digo: "Mira, vámonos de aquí a caminar hasta un lugar en el que sabemos exactamente dónde estamos." "Vamos pues, aliviánate", respondió. "¿Para donde caminamos?", "¿Al norte, o al sur del camino? ", le pregunté. "A donde sea...al norte...vamos," dijo mientras se dirigía en esa dirección. Me levanté y empecé a caminar. Ni siquiera habíamos caminado unos cien metros cuando vimos una curva en la carretera en donde se indicaba el número de milla. Milla 47. Era la vieja carretera a Nogales, en donde había muchos nogales. En esa curva es donde estaba el letrero. "Con eso ya la hacemos", le dije. Todavía le quedaba una poca de carga al teléfono, y envió el ese último texto. 'Estamos en la milla 47, Ord Nogales'. Ni siquiera pasaron cinco minutos, cuando apareció mi hermana en donde estábamos Esta vez había ella recibido información exacta que pudo utilizar para localizarnos. Recuerdo que eran para entonces entre las diez, o diez y media de la mañana. Pasaban muchos carros. Tan pronto como mi hermana y mi madre llegaron, nos apuramos y corrimos hacia el carro. Vieron la forma en la que me encontraba. Para entonces yo sentía que me había recuperado, y como si pudiera haber caminado mas porque habíamos descansado. Pero por lo que me dicen, me encontraron en muy mal estado. A decir verdad, puede que haya sido así, ya que parecían estar pensando eso independientemente de lo que el guía les había dicho. Sin embargo yo no sentía que iba a morir. Di gracias a Dios por finalmente estar en camino. Nos dimos la vuelta en Sahuarita para tomar la Interestatal-19 hasta llegar a casa. Mi esposa estaba esperando afuera para verme, y ella recuerda que yo no la saludé ni la parecía reconocerla. Recuerdo que lo hice cuando abrí la puerta del carro. Le di un medio abrazo y me fui directamente hacia adentro del tráiler. Mi esposa vio la forma en la que llegué y estaban ella y mi familia muy preocupados. Yo estaba tan agradecido con Dios porque todo había terminado. Los dos habíamos llegado. Mi familia nos había preparado de comer. También tenían Gatorade, Pedialyte, refrescos y todo lo que habíamos pedido que tuvieran preparado para nosotros una vez que nos recogieran. Todo había terminado. Esta es una experiencia por la que no deseo que nadie pase. Tal vez tenemos la tendencia a aferrarnos a algunas cosas que puede que no sean la voluntad de Dios. Y muchas veces luchamos contra esa voluntad. Pero las cosas suceden cuando Dios quiere. Por ejemplo, en mi caso. Yo tenía mucha fe en poder llegar aquí de nuevo. Yo estaba seguro, que sería mi fe la que me trajera. No sabía cómo, pero Dios escogió este camino para que yo viniera de nuevo, y estoy muy agradecido. No guardo ningún resentimiento en contra de esta guía, porque logró traerme. El había prometido que me iba a traer de alguna manera u otra. Le había dicho a mi madre esto. Si Dios permitió que sucediera de esta manera, entonces estoy agradecido. Tuve la oportunidad de ver claramente que, aquí en la tierra, la lucha es a veces más en el espíritu que en la carne, y uno debe aceptar esto. Y así es como todo sucedió en mi vida. Me gustaría dar las gracias a Dios en primer lugar. Me gustaría agradecerles a todos los que me ayudaron. A todo aquel que me pidió que contara esta historia. A mi familia, y a mi hermana Teresita, que arriesgó mucho para venir a buscarme. Para mi comunidad de la iglesia de Santa Margarita que estaba allí para mí siempre, ayudando, y a veces incluso hasta en ayunas. A todos los que hasta ese momento no han dejado de ayudarme con el trabajo, con el dinero, con todo lo que necesitaba. Y bueno, yo sé que hay muchos detalles que he olvidado. Sé que no fui capaz de contar muy bien exactamente como sucedió todo. De cualquier manera, fue algo muy significante lo que pude yo expresar en esta historia. Y en cuanto a mí mismo, me gustaría que nadie de mi familia supiera todo por lo que yo pasé. Acerca de cómo este hombre me maltrató durante el viaje. Acerca de los golpes, y todo el abuso que pasé con él. Deseo que mi familia no sienta odio hacia él. Me gustaría que esto se mantenga entre aquellos en quienes confío y con quienes puedo compartir esto. Eso es todo lo que puedo contarles.

Le doy las gracias a todos. Doy gracias a Dios. Aunque mi esperanza es que nadie viva esta situación, sé que hay muchas personas que pasaran por esto. Una de mis principales razones que tengo en esta momento, y cada noche para rezar, es por aquellos que se encuentran caminando por el desierto. Todos aquellos que están encarcelados, y todos los que están secuestrados. Las historias que se cuentan y escuchan son reales. Muchos de estas son peor que mi propia historia. Mi historia palidece en comparación con muchos que tienen finales muy tristes y trágicos como la muerte y muchas otras cosas. Gracias por todo. Que Dios bendiga a todos los que hicieron posible que yo lograra esto. En el nombre de Jesús, Amén.

Conclusión

Esta historia no trae consigo la intención de persuadir al lector hacia un punto de vista u otro en cuanto a sentimientos propios con respecto a la reforma migratoria. Una vez que escuché por primera vez esta historia con todos sus detalles, esta gravitó hacia los rincones más profundas de mi alma y me sentí obligado a contarla. Esta necesidad que sentí en difundirla se debe a los factores humanitarios que ella implica. La explotación de la "Mafia Mexicana" y los traficantes de seres humanos, sólo agravian las condiciones a menudo insoportables que el inmigrante indocumentado debe soportar antes de cruzar la frontera a la "tierra prometida". Según Pew Hispanic Center, en la actualidad hay 11,2 millones de personas no autorizadas que residen en los Estados Unidos. Cada año, aproximadamente 300.000 inmigrantes ilegales más entran al país. Lo que lleva a estos inmigrantes en mayor parte a entrar, es las esperanza o promesa de empleo en las industrias de la agricultura, la construcción y la industria de servicios. La mayor parte del flujo no autorizado proviene de México, un país inmerso en pobreza severa y donde es casi imposible ganar un salario digno y menos probable el poder satisfacer las necesidades básicas de mantener a una familia. A la luz de todo esto, muchos individuos no autorizados consideran la posibilidad de ser aprehendidos por cruzar ilegalmente a los Estados Unidos un riesgo que deben tomar. Ya sea que el inmigrante es introducido por un contrabandista que cobra una suma exorbitante de dinero y trasladado a los EE.UU. en condiciones peligrosas, o se decide a cruzar por los traicioneros desiertos del Suroeste, el hecho es que miles de ellos han perecido trágicamente en estos intentos. Unos por exposición al calor, otros por deshidratación o ahogamiento y, sí, incluso por asesinato. Mario sigue viviendo en los Estados Unidos de la misma forma en que lo hace el personaje de Dr. Richard Kimball en la novela de la década de 1960, El Fugitivo. Puede el salir y encontrar trabajo casi diariamente. Puede ir a comprar comestibles, acudir a la iglesia, y hacer casi cualquier cosa que un ciudadano de los EE.UU. hace. Pero al final del día, él sabe que en dado momento, cualquier accidente o incidente en el que se revele su verdadera identidad, podría causarle el regreso hacia el mismo lugar en donde empezó.

Sobre

Frank (Pancho) Moreno nació en Tucson, Arizona. Ha vivido en el sur de Arizona durante toda su vida. Después de graduarse de la escuela secundaria asistió a la universidad de Pima. El Sr. Moreno ejerció como contratista de concreto comercial especializada en concreto estructural. Se ha retirado ya del negocio. La vivienda accesible y la vivienda para las personas indigentes han sido siempre sus temas de advocacia. El ha formado parte de *City of Tucson Housing Advisory Board*, y por los últimos 10 años ha servido como presidente de *Pima County Housing Commission* en Tucson, AZ

Se puede contactar a Moreno en: frank@beforethesuncameout.com.

Made in the USA
Columbia, SC
04 June 2024